人生只有一次，何不盡興一場？

無懼年齡、打破性別，
酣暢體面地活出自己！

▶ 寫在前面

　　臨近三十五歲的門檻，我突然感覺到一點困惑。

　　孔子說，「三十而立，四十不惑，五十而知天命」，我在奔向不惑之年時，突然感知了天命。那一刻，我觀察到生命的本質。時間無多，等反應過來後就不能再浪費它了。所以我想告訴孩子們，在可以揮霍時間的年齡，一定要去世界的各個角落看一看。

　　你們要飛得足夠高，去看海；你們要落得速度足夠快，去感受風；你們要經歷人生的「至暗時刻」，去感受絕地逢生。

　　總之一句話：你們呀，要盡興！

「為什麼一定要去遠航？」

你見過南太平洋的鯨落嗎？你見過巴塞隆納的日出嗎？你見過那些遭受人間疾苦的孩子的眼睛嗎？你住過夜晚的森林嗎？你見過戰爭的殘忍嗎？你知道在月球上看地球的樣子嗎？

如果沒有，那就一定要走出去。

我們一起，永遠整裝待發，永遠走在挑戰的路上。

目 錄

自足：100 種活法

善：人生走正路

愛：及時行「愛」

編者記：風吹哪頁讀哪頁

人生遊樂場，你只需盡興

這個世界熙熙攘攘，少有人給靈魂拋光，於是眾生形形色色，實則一相，既沒有韻腳上口明朗，也沒有太多加分偏旁，就好像他人如庸句，而你是詩行。

——詩人、作詞人　驚竹嬌

拼圖一

自我
生命的底色

隨順生命的渴望，活出真正的自我

　　打開收藏品櫃，看著擺放整齊的「豐收」系列──公司的第一套產品，十一個簡單的瓶罐，十一年前的創業時光倏忽閃現。

　　人生如行路，當日是如何一腳踏上通往今天的路？當日又是哪一日？

　　它普通得仿若剛剛流逝的昨天一樣，已然記不清了。當日也未曾多想，順隨著內心最深切的渴望吧。

　　渴望源於清晰的目標，而目標，生發自小時候撒下的種子。

1988 年，我出生於中國吉林省長春市一個普通的小康家庭。

我的父親是一個典型的事業型男人。20 世紀 90 年代初期，在那個人人都渴望捧好鐵飯碗的年代，他主動從公家機關辭職，奮然投身時代的大潮中謀求創業，開始了他一生的事業追求。父親勇敢無畏、敢於挑戰，在那個年代經商被稱作「下海」，意味著不可預知的巨大風險，是不被看好的。在我的記憶裡，父親一直醉心於事業，不斷尋求更大的人生突破，他為我們創造了遠優於周圍人的富足生活，也帶領家庭跨越了經濟的階級。

在我心中，父親一直是昂揚進取的堅定模樣。他像一座高山，也是我一生的英雄與榜樣。因此，從小我就在心裡樹立一個清晰而篤定的目標──超越父親。

這是生命之初，父親送給我最好的禮物，直到許多年後，我才知道，這也是父親為我埋下的愛的伏筆。「知女莫若父」，父親是這個世界上最懂我的人，崇拜他、成為他，最終超越他，是我愛他的最好表達，這也是我們父女間無須宣之於口的默契。

這個目標不斷激勵著我，也仿佛在我心中安裝了一個

巨大的引擎。或許，創業的種子就是這樣被播種下的。

2012 年大學畢業，我來到北京，在一家動畫公司實習。一幀一幀地拼接動畫，就是我當時每天重複的工作內容。那時候，我便知道，這份工作絕非我所求。終於有一

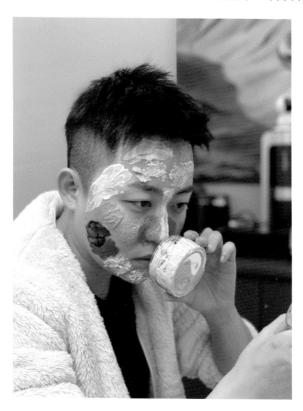

天，我忍不住打電話給母親，直言不諱地說出了我的想法，一如小時候我經常做的那樣。

我對母親說：「我實在不喜歡這份工作，如果非要從事動畫行業，我也要做一個動畫公司的老闆，而不是打工仔。」

那時候，真不知道自己是哪裡來的自信。但母親一如既往地支持我。

講完電話，我便開始思考，接下來該如何實現自己想要的生存方式。二十三歲，初出茅廬，身無長物，在北京沒有任何背景、資源和人脈，只有一顆想要改變和突破的心，和一份莫名的堅定。

既然外界無所依憑，一切只能靠自己了。射手座的我天生喜愛自由，渴望每天都能學到新知識，不斷實現突破和成長。一番研究分析後，我選擇了自認為前景大好的進出口貿易公司，在機緣巧合之下，又接觸到保養品原料。

對我來說，這個行業是全然陌生的。最初接觸時，我頗感新奇，興趣極高，開始大量閱讀相關的書籍，自主學習保養品的相關知識。結果我越看越著迷，越深入瞭解就越喜歡，甚至一度懷疑自己選錯了科系。

在那家貿易公司任職半年之後，隨著市場環境變化，電商崛起，我真正走上了創業之路。

創業初期是我海綿般大量吸收學習的過程，我經常把自己鎖在屋子裡，查閱、鑽研優秀的設計作品，自學運營、管理、備案及行業標準。隨著對這一領域學習研究地不斷深入，我愈發不可收拾地愛上了這個行業。

那段時光，我夜以繼日地沉浸式工作，終於，「豐收」系列的十一個單品誕生了。

我的內心湧動著一片熱愛的海洋。在這股能量推動下，我每日專注其中，毫不疲倦。在這種「癡迷」的狀態中，我的目標已不僅是賺錢了。**我隱隱地感受到生命由內而外噴薄欲出的無限創造力。那是一種獨特而幽微的生命體驗，深刻又難忘。**

我徜徉其中，享受無比！

就這樣，從產品原材料的配方選擇、設計備案、包裝印刷、行銷思路、代理機制，到店鋪搭建、整體運營、視覺呈現的把控，甚至連品牌故事及財務管理，這些需要整個公司通力協作完成的工作，我關起門來，單槍匹馬地在半年內全部做完了。

　　我一直覺得自己非常幸運，在很短的時間內，便找到了喜歡的行業和目標，享受其中，並獲得了好的結果。

　　《牧羊少年奇幻之旅》中寫道：「當一個人清楚知道自己想要什麼，並為此做了決定後，就像跳進一股強勁的

水流中，水流將會帶他到最初做決定時也夢想不到的地方去。」

　　當一件事情擺在我們的面前時，很多人或許清楚這並非他所要，但鮮少有人能夠明確自己真正想要的是什麼。

　　實現自我夢想，對大多數人來說，是個真正的挑戰。

　　一個人只有隨順內心最深切的渴望，才能真正地認識自己，成為自己。

　　父母之愛，猶如夜空中最閃亮的星，感謝父親給我強有力的引導，母親給我穩穩的安全感，他們的愛給予我勇敢追求自我的力量，教我不必為他人而活，努力去達到外在所謂的標準，使我能始終保持生命的熱望，允許我一直做自己。

　　也慶幸我能生在這樣繁榮昌盛的時代，國泰民安，經濟穩步發展，每個人都擁有施展手腳的天地，都有機會去創造出夢想的生活。

生命的拼圖，每一片都不可或缺

　　一日，與朋友爬山散心。置身深山茂林之中，澗底泉水飛濺，頭上明月高懸，令人心曠神怡。腦海中突然浮現出蘇東坡「寄蜉蝣於天地，渺滄海之一粟」的詞句來，人生百年，於浩渺宇宙而言，不過蜉蝣若寄、滄海一粟。一時的成敗得失，從深廣的角度來看，更是不值一提。明月當空，清風徐來，那一刻的清朗適意之感讓人難忘，思緒也隨之飄遠。

　　十二年前，北漂逐夢，漸漸地清晰了方向。南下廣州，事業如駛入快車道，迅速即見成果。彼時少年得志，意氣

飛揚。二十四歲的我以為這一切皆得益於自己的優秀，進入社會後不費周章就找到了熱愛的行業，於是驕傲和傲慢慢慢爬進我的心裡。

不出意外的話，就該出意外了。我賺到了人生的第一桶金，而且是一筆相當可觀的財富，然而那個時候的我，又怎麼能承載得了那麼多財富的突然而至？

重創襲來，疼痛隨之而至。

由於長期孤軍奮戰，我的精力被扯得四分五裂，手機一響就下意識地想要逃避。而驕傲也讓我看不清未來的路，忽略了腳下的風險。由於我缺乏管理經驗，致使在整盤運營中缺少系統化思維，很多細節都不夠完善，讓本就根基不穩的大廈逐漸瓦解。

同行的衝擊日益嚴重，代理商銳減三分之二，而我訂購的貨物正在從國外發往國內的途中，它們到達後就只能淪為巨大的庫存，在它們有限的保質期內，我不知道該銷往何處。

看著價值近千萬的庫存堆滿倉庫，我無能為力。於是，我把自己關在房間裡，不想說話，不願出門。我覺得天塌下來了，自己的人生完了，眼前至暗一片，已無路可走。

那時候的我，尚不知道有一種病叫抑鬱症，但後來回想，當時的自己已被它所吞沒。我痛恨自己的狂妄與傲慢，不斷反思經營上的所有細節，陷入了深深的自我否定中。

　　至暗時光，多虧有母親陪伴。有時她只是默默地走進房間，坐在床邊，用手輕輕撫摸著我，那份心疼仿佛我還是她繈褓中的小孩；有時她會說上幾句寬慰的話，極簡短卻很有力道：「女孩兒，人生除了生死，其他都是小事。」

　　我的母親是個大大咧咧的東北女人，果斷而有主見，那一刻卻用溫言軟語，試圖勸慰她遭受打擊的女兒——她一向自信好強的女兒，第一次在她面前展現出脆弱，而這脆弱也許遠超出了她的想像。

　　作家史鐵生曾這樣寫道：「**兒子的不幸，在母親那兒總是要加倍的。**」那段時光，我的母親是懷著怎樣的心情度過的，如今已為人母的我才漸漸能夠體會一二。

　　也正是自那一刻，我確切地意識到家人的重要，也突然明白，人生有波峰波谷，都是尋常。在波峰之時要努力抓住機會，積極做事；到了波谷，也不要極端地否定自己，而是要放寬心去享受生活——因為這是生命的常態，每個

人都是在這樣的起伏跌宕中走完一生的。

　　人只有在黑暗降臨的那一刻，才能被動停下自以為是的錯誤腳步，聆聽來自世界的真理。我覺得老天試圖以疼痛叫醒我，撥了一個長長的假期讓我厚積薄發。被按下暫停鍵後，我在那個小黑屋裡，內心漸漸平靜下來。

　　倉庫積壓的貨物，我沒有再去管，就讓它沉睡吧。「**凝視深淵過久，深淵將回以凝視。**」那樣人不僅痛苦，還會變得極端。於是，我轉而調整業務結構，完善化妝品供應鏈，收購了工廠的部分股份，真正切身去瞭解化妝品的組成與核心成分，力求每一件事情都做到極致。

　　同時，我開啟了人生新旅程——懷上了大女兒 Doris。

　　不為人母，不知孕育生命之偉大。母親當真是個神奇的角色，她收走我性格中的銳利與棱角，賜予我意料之外的耐心與溫柔，也讓我生出了更深切的感恩，感恩生命中的一切饋贈。

　　我知道，一切將迎來新的開始。

　　人生之長，該經歷的事一件都不會少。

　　該在的總是會在。不屬於你的，註定有期限。**秩序始**

DORIS HOME

Doris 4days

doris baby

doris baby

終平衡，只有一顆心徒然奔忙。來往使它強壯，得失使它平衡，無常使它再無恐怖。

生命是一幅巨大的拼圖，我們很難在剛剛開始的時候，就意識到那些雜亂的碎片意味著什麼，但只要一片一片地接著拼下去，漸漸地，就會發現每個碎片都不可或缺，都是圓滿最終結果的重要部分。

人生沒有白走的路，每一步都算數。

「你若問我要選擇哪一種人生，我不必想就能回答：『我選擇發光發熱的人生。』」

這是日本著名導演北野武的人生態度，我十分認同。

愛是人間禮物，而責任是秩序

　　父母的廚藝都很好，每次我回家，父親都會在廚房忙活一大桌子菜。然後一家人圍坐在一起，邊聊天邊吃飯。中國家庭的飯桌上總是承載著濃厚的感情。可能是受了父親的影響，隨著年齡的增長，我也格外享受圍爐為家人做飯的幸福感。**飯菜的味道就是家的味道，廚房裡忙碌的人，就是愛你的人。**

　　父親像座山，是我一生跋涉的高峰。他身形高大，內斂而寡言，對女兒的萬千叮嚀唯化作一句——「人間正道是滄桑」。

　　那是大學畢業時，父親烙在我心裡的一句話。也是第

一次，父親將我看作大人小酌對飲，那一刻，我也真正長
大了。我知道，父親想讓我走正道，而這也是我一直奉行
的信念。

公司逐步發展平穩後，父母時不時地會來廣州探望
我，母親一如既往地問候著我的生活起居，父親則更關心
我事業的發展，經常叮囑我趁年輕多闖蕩。公司會議室的
角落有一個沙發，那是我為父親準備的，開會時他可以進
來旁聽。他很安靜，很專注，儘量降低存在感，不打擾任
何人。

網路時代新的經營方式，上下游合作模式更加多元
化，我原以為父親聽不懂這些，不過是閒來無事湊個熱鬧
而已。結果每次開完會，父親都會找我聊一會兒。他總能
精準地抓住每個合作廠商的需求點與合作後的潛在風險。
不僅如此，父親在告知我潛在風險後，並不會勸阻我跟對
方的合作，而是提醒我在合作過程中有哪些環節是需要注
意的，並客觀評估風險與收益，最終的決策權還是交由我
來做。對此，我大為震驚並深表佩服。這便是我不斷精進
與突破的父親！

父親常年定居長春，會時不時地打電話問及我的事業

發展，得知一切有序進行，便逐漸放下心來。

　　其實在創業之初，最初的啟動資金就源自父親。當時我辭掉工作，把我知道的保養品行業的行情與創業的想法，從頭到尾講一遍給父親聽之後，在我沒有任何經商經驗的情況下，父親給了我最初的啟動資金三萬元。那是一種無聲的肯定，也是激盪在彼此心中已然達成共識的支持。我就是拿著這些錢，和一顆超越父親的決心，開啟創業之旅的。

　　從北京到廣州，再到深圳。事業漸漸步入正軌後，我也拿到了引以為傲的成果。我迫不及待地拿起電話，最想打給的人就是父親，我跋涉了許多路，在這世上唯有父親的一句肯定，能讓我潸然。

　　如今，父親已經離開我快兩年了。那些沉默的、從未宣之於口的、女兒對父親的深沉愛意，也只能永遠沉潛在我的心中了。

　　每每想起父親，思念總是縈繞心間。父親曾對我揮揮

手，我知道那是要我堅定地向前，由北到南，追夢不放鬆，他始終在我身後。有許多話仍藏在心頭，好些年沒來得及說出口，直到此刻，倔強如父親的我用沉默哽住了喉。

父親像燈塔，指明我前行的方向；母親則像港灣，是個隨時可供我停靠的溫柔所在。當所有人都關心我飛得高不高時，唯有母親關心我飛得累不累。

那些藏在三餐四季裡的溫暖細節，身處低谷困境時的靜默陪伴，取得成績時比我還喜悅的笑意，都藏在了歲月的皺紋裡。

愛是人間禮物，而責任是秩序。

因為被他們愛過，所以懂得如何去愛。

老年的悲哀，莫過於身體機能下降，思維變得遲緩。作為子女，不該讓垂暮之年的父母，在孤寂中無聲度過。

讓他們參與我們的生活中，每天騰出一兩個小時，陪他們聊聊天，跟他們分享些新鮮見聞；分享自己學習到的教養知識，探討如何養育小孩；或者跟他們說說接下來的工作計畫，哪怕你已經心中有數，也不妨跟父母絮叨一番。

天下之大，父母是最不會嫌子女絮叨的人，可以說，

老人的生活熱情很大一部分來源於子女，這也是我們孝敬他們的緣由所在。

真正的幸福，不是擁有得更多，而是你所擁有的都能讓你感到快樂。

家人閑坐，燈火也可親。

「樹欲靜而風不止，子欲養而親不待」的遺憾，希望你永遠也別體驗。

走得越遠，見識越多，認識的人也越多，越能體會到人這輩子裡你真正在意的，同時也在意你的人，其實並不多，而這僅有的幾個人就是你的全世界。

女性的獨立與選擇權

　　一日下午茶歇時間，與一位女性朋友聊天，她不經意地談起，現在自己好像獲得了更多選擇權。

　　我不喜歡社交，在為數不多的幾個朋友中，她算是其中一位。

　　她三十出頭，穿著考究，妝容精緻，很注重自我學習和提升，對事業有一番小小的憧憬，每週兩三次享受下午茶。既努力工作，也不是百分之百的目標主義者，生活、工作張弛有度，我覺得她的這種狀態就挺好的。

　　我身邊這種優秀的年輕人不少，她們有的超越了自己的原生家庭，有的擁有一份自己熱愛的事業，但無一例外

的都在以一種積極的心態開創自己的生活。

在這個時代，女性擁有了巨大的自由，但也有各自的泥潭。

不斷湧現的優秀年輕女性，以及正在從泥沼中努力掙脫、蛻變成長的中青年女性，正以各種蓬勃之姿，向社會展示出她們的神采與力量，女人可以活得更灑脫也更自由。我簡單梳理了她們的認知躍遷與成長路徑，在此共勉。

1. 跳出性別限制，保持精神獨立

雖身為女性，但在區分性別之前，你首先是一個具有獨立意志的人。

女性天生比男性弱嗎？在生理和體力上或許是，但在精神層面上，女性則比男性更堅強，她們身上更能夠彰顯出生命的韌勁。

我們常說「為母則剛」，也都曾為一個纖弱女孩蛻變為母親後，所迸發出來的巨大能量所震驚，但我希望，女性朋友無須等到為人母之後才發現自己的強大，而是早早

就認識到，其實你本來就很強。

當你跳出性別的限制，以獨立的人格面對問題時，就會更加理性、客觀，內心會更有力量，自然也活得更灑脫和自由。

2.跳出索取的狀態，變成自己生命的主宰者

理性看待社會加諸女性的定義，拋卻原生家庭對女性的訴求，活出自己的精彩。

社會與父母往往無意識地將女性擺在「接受」的位置，所以女性很自然地會產生「索取」的意識。當他人無法滿足她們的需求時，她們就會滋生出抱怨的情緒，最常見的是抱怨另一半不能提供情緒價值和經濟支援。所以，女性一定要跳出這種狀態，主宰自己的人生。

我很不喜歡「嫁」這個詞，有種「給出去」的附屬之意。婚姻是平等的，結婚應該是兩個人平等的結合。而且，嫁得好可能是運氣，但擁有清醒的認知，調整好自己的心態，擁有保持精神愉悅與自由的能力，才是我們這一生要修行的課題。

3. 選擇要大於努力，永不設限

我在國外的醫院曾遇到過一位負責文職的護理師。她每天神采奕奕，精神飽滿，眼角眉梢儲滿了陽光，還特別愛笑，一笑起來讓人感覺周圍湧動的氣流都是愉悅的。

以我庸俗的眼光來看，她的收入並不高。她為什麼這麼快樂呢？在一次閒聊中得知，她喜歡旅行、騎馬、打靶，還喜歡那種超大的小貨車，見我面露豔羨，她眉飛色舞地向我展示了她的愛車，那是一輛改裝過的超大型越野車，還有她在海邊騎馬和在沙漠打靶的照片。她只是一個再平常不過的普通人，卻把生活過得如此精彩，從她的臉上找不到一點疲憊的影子，樂享生活，她做到了。

確實，除了自己，沒有誰能定義自己的生活。人生沒有既定的模式，生活方式多種多樣。我們要從思想上認識到自己的自由，擁有愉悅自己的能力，定義自己的精彩生活，擁有生活的選擇權，享受真正的自由。

在有限的青春歲月裡，多開發自己的興趣愛好，培養對生活的熱情，盡可能地嘗試更多機會，見識更多的生活方式，並且在嘗試的過程中積累生活的經驗和閱歷，這些

閱歷會幫助你做出正確的選擇。

4. 學會深度思考，有自己的判斷

網路時代資訊傳遞迅捷，一些所謂的對年輕人的標準未免太高，加之「炫富」等各種難辨真假的社會現象，極易給人造成焦慮。

在大城市看似光鮮，實則必然要承受較大的壓力；回到鄉下卻可以享受悠閒的慢節奏，找到可以發光發熱的生活方式。每個人都有自己的生活與選擇，他人眼中的世界是他人認知社會的方式，未必適合你。

所以，女性更要學會深度思考，不要迷失在繁雜的資訊網路裡，不要道聽塗說、隨波逐流，也不必在意他人的目光與評價，去深刻地認知自己，認知當下的環境與自身的處境，用行動做出自己的最優選擇。

一個問題不要只看表像，往更深處去思考，就會獲得更多的理解，而這些理解慢慢地會沉澱成生活的智慧。

　　世界上只有一種英雄主義，就是在看清生活的真相後，依然熱愛生活。

　　我希望每個女性朋友，能夠更早一點明白生活的真相，享受當下，盡量活得開心、快樂。

　　我們畢生的任務就是做一個普通人，熱愛世界，熱愛萬物，然後踏踏實實地尋找到一個自己內心喜歡，又有時代價值的事情。一個人一輩子能做好這兩件事就很好了。

有人不喜歡你，這無所謂

　　我一直都喜歡記錄生活，無論是十幾年前在網路寫文章，還是如今在新媒體平臺寫家書，初衷只是為了記錄。至於他人看到後產生的想法，正所謂「千江有水千江月」，自然各有不同，我也不甚在意。

　　一個人如果內心自在充盈，便知道自己的好與不好，不由別人來決定，外界的聲音也不會帶來任何傷害。

　　第一次接受媒體採訪時，記者問我：「如何看待網路上那些不友善的言論？」

　　我回答，我關上門過自己的日子，這裡的「門」不是指家門，而是指我整個家庭的心門。我們不會因為他人

的惡意評價而過得不好，也不會因為他人的讚美而過得更好。我就是我，我們一家人怎麼生活，我怎麼教育孩子，我們生活在哪裡，我們每天做了什麼事情，並非要展示給誰看，而是無論大家看與不看，我都是這樣過活的。

這個世界上有一部分人，無論你如何努力或討好，他們都不會喜歡你，這是彼此氣場的排斥；有一部分人，你甚至不需要做什麼，他們依舊喜歡你，這是能量的吸引及底層價值觀的契合；另外還有一部分人，會根據你當下的行為及階段性利益，時而認為你不錯，時而又覺得你不怎麼樣，這取決於雙方所處的位置及價值互換。

所以，我們明白了，一個人永遠無法得到所有人的喜歡，而這根本就無所謂。我們沒必要因為不喜歡我們的人而悶悶不樂，相反，要為喜歡我們的人而活得有聲有色。

你要過怎樣的生活，由自己決定，跟他人沒有關係。

當我決定做公眾人物，公開生活，收到外界的各種聲音，乃屬必然。做著自己真正想做的事，至於任何歧視或讚美都是他人之事。

聲名，謗之媒也。

我深知，大多數時候，他人只是路人，言行不具參考性。他人的評價如非來自熟悉你，且又有真知灼見之人，就不值得深究。

如果一個人被歧視了，便覺得自己差；被讚美了，又

認為自己強，說明他尚缺乏清晰的自我認知和判斷。**對一個人來說，最重要的，是不斷從實踐和總結的過程中認知真實的自己，這樣更有助於做自己真正想做的事情。**

在我的世界裡，心中盤踞的是清晰的目標、清醒的自我認知，以及不斷思索如何去突破自我，全力以赴實現目標。任何毀譽評價來自外界，也歸還於外界，與目標無涉，與我無關。

是非審之於己，毀譽聽之於人，得失安之於數。

《殺死一隻知更鳥》一書中說道：「你永遠不可能真正地瞭解一個人，除非你穿上他的鞋子走一遭，站在他的角度思考問題。可當你真的走過他的來時路，可能連路過都會覺得難過，有時候你所看到的並非事情的真相，你瞭解的不過是浮在水面上的冰山一角。」三毛有句話說得好，「你對我的百般注解和識讀，並不構成萬分之一的我，卻是一覽無遺的你自己。」

很多人不喜歡我，大概是我冒犯了他們的人生。

我從來不與人唇槍舌戰，因為幸福是唯一的答案，我過得好不好，不在我的語言裡，而在我的笑容裡，在我的生活裡。

人生是不斷與理想的自己進行比較的過程，而非生活在他人的評價之下。我們也並非為了滿足他人的期待而活，而是為了活出自己的精彩人生。

溫飽無慮是幸事，無病無災是福澤，至於其他，有則錦上添花，無則依舊風華。

將軍有劍不斬螻蟻，欲成大樹莫與草爭。

我想，聖賢之人可以諒解和包容所有人，不一定是因為這些人值得被原諒，而是聖賢者的維度更高。當你變強大了，尤其是女性，強大到突破了社會加諸我們的種種定義與束縛，才能真正綻放出自己人生的精彩。

人生中的關係不在於多，而在於精。

我們無須用刻意的偽裝來獲得膚淺的、低品質的關係，而應該將寶貴的時間投注在熱愛的事情上，讓那些真正喜歡我們的人，早點在人群中發現我們。

認清自己，不忘初心

前兩天，公司的少女們說，現在很多人都「恐婚」，不知道該不該結婚，問我對此的觀點如何。

我以為，「恐婚」大可不必，人之所以會恐婚，是因為把對方想像成了理想的樣子。按照中國的傳統標準來衡量，理想的男性首先要有賺錢養家的能力，這是大眾觀念裡對男性的能力評估。但如今的社會壓力如此之大，並非每位男性都擁有足夠的能力，而女性也越來越多會參與社會生產活動，社會形態正在悄然發生著不可逆轉的變化。另外，在如此高壓的環境下，女孩們越來越在乎伴侶能否為自己提供情緒價值，這就對男性的社交能力和情商提出

了更高的要求。

　　結婚是兩個不同的人結合在一起，協作配合過日子，當然相愛是前提。婚姻沒有標準答案，也不存在絕對明確的分工。如果說婚姻有標準答案，我認為唯一的答案是看自己，認清自己的需要。

　　建立一份美好的、穩固的兩性關係，認清自己並不忘初心，非常關鍵。

　　你需要清醒地認知自己，帶著明確的核心訴求尋找伴侶，並以合夥人的心態對待婚姻，信守共同經營婚姻的承諾，陪伴彼此共度漫漫時光。這是婚姻關係達成的契約。但不可忽視的是，人性是充滿變數的，每個人在不同的階段有不同的領悟，兩個人向上的步調也難以始終同步，變化與分歧就此產生。

　　當一方在所難免地產生了改變訴求的想法，意味著婚姻的承諾已然失效，關係也將難以存續。失信方固然有錯，但另一方若苦苦死守，也無濟於事，感情就像一瓶過了期的罐頭，失去了它原本的味道。願得一心人，白首不相離，是每個人對婚姻美好的期許，但「擁有」是一段關係中最大的幻覺。沒有人能夠真正擁有另一個人，不過是在各自

的旅程相遇，彼此同行一段路途。如果到了必然要分開的時刻，也無須過多糾纏，因為已然珍惜過了，餘下的唯有尊重和祝願。

　　每一段關係都是緣分，緣聚緣散，順其自然，也強求不來，重要的是活好當下。

　　任何時候，與什麼樣的人共度一生，我們都是有選擇權的。

　　當我們愛一個人時，也一定同時愛著與對方在一起時的自己。

　　伴侶之間評判對錯時，無論事件，總關態度。

　　與伴侶相處的過程中，因為某個行為讓對方感覺不適了。當發現之時，就應該停下來自省、溝通，並嘗試去理解背後的原因，思考自己應該如何去做，願意為對方做出哪些調整與改變。我認為，我們愛的人哭了、難受了，我已然就錯了，並不是這件事我做錯了才去改。

　　很多時候，我們的出發點，是在意對方的感受，是源自愛。在一段關係裡，尊重並且照顧對方的感受，兩個人的世界才能完整。

我們愛對方，愛的是真實的他，不是自己在虛妄的想像裡構建出來的他。愛是一種能力，我們真的懂得如何去愛嗎？我們有沒有放下自己的欲望，在寧靜中看到那個真實的他，他內心深處的渴望，他當下的狀態，他曾得到的愛與感動、失望與創傷，他希望過什麼樣的生活。當你深切地理解了對方，並願意代人著想，真心付出，如此才能稱得上愛。

意見不合，互相抵觸，情緒暴躁，言語傷害，我們不該把這些留給愛的人。

乍見之歡易，久處不厭難，那是他們忘了，不忘初心，方得始終。

人，生來多健忘。時日長久，我們往往多見對方身上的缺點，而忘了一開始心動時的初衷。假如你因美貌對其一見鍾情，就不要抱怨對方不求上進；假如你喜歡對方沉穩顧家，就不應對他不善言辭多有怨懟。一體兩面，不忘初心，包容克制，感情也忌貪得無厭。

每個人都有自己的優缺點，明確並選擇自己喜歡的，包容自己不喜歡的，擺正心態，好好相處，方是長久之道。

　　那天，在飛往上海的飛機上，看了電影《萬箭穿心》，以我淺薄的理解，大概是生活的種種悲劇都來源於我們根本不會自省，於是所有人都變成了受害者。一個母親毀了三代人的幸福，也包括她自己的，以致到結局仍茫然不知為何命運多舛。

　　其實，哪有什麼壞人，只是有些人終其一生也不得要領。自省是能力，也可以撬動命運的軌跡，所有的愛都要以尊重為前提，如果沒有尊重，那麼這愛勢必就是一把雙刃劍。如果不自省，苦難無所終，如果不懂愛，終將無法被愛。

　　電影給了我們窺探他人人生的機會，兩個小時是別人的一生，而我們要用這兩個小時展露出來的錯誤人生來反省自己，這才是最大的收穫。

　　當我們不可避免地與所愛之人發生齟齬時，試著跳出對方原本的角色，不把他（她）看作孩子的父親或母親、丈夫或妻子、父母或子女，而是把對方當成另一個自己，另一個和你有著同樣的希望、快樂、恐懼與痛苦的人，你將會生出更多耐心去傾聽他（她），也將會獲得更多智慧去幫助他（她）。

如果有一天你不再尋找愛情，只是去愛；你不再渴望成功，只是去做；你不再追求空泛的成長，只是開始修養自己的性情，你的人生才真正的開始。

——黎巴嫩詩人 紀伯倫

拼圖二

自度

凡事向內求

進一寸有一寸的快樂

　　Doris 過生日的前一天，在 4S 店裡，偶遇了一位粉絲朋友，短暫交談之後，我得知她在大棚做遊艇行業，恰巧第二天 Doris 的生日宴會就安排在大棚的一家民宿，便邀請她一起參加。

　　第二天，她很熱心地和我們一起佈置生日會現場，之後，她還帶我和 Doris 一起去參觀帆船。小傢伙看到幾個人上去升帆，小眼神專注極了，坐在駕駛室有模有樣地學著開起來。我從她的眼睛裡，看到了憧憬與渴望。

　　我也一直很喜歡船，覺得那代表一種自由和挑戰，但我沒生長在海邊，很少能接觸到船。這一次參觀之後，我

對帆船產生極大興趣，當即決定，我要學會駕駛帆船。

很快地，我報考了帆船駕照考試，開始學畫航海圖、如何馭風，甚至學習潮汐等航海的相關知識，並順利取得帆船駕駛證。

讀書的時候，我算不上愛學習的學生，如今我卻享受掌握知識後的滿足感。從某種程度來說，這是一種對自己生活的掌控和駕馭，賦予了我巨大的安全感與價值感。我享受其中，並不斷獲得快樂。

我曾經說過，人要想獲得更高級的快樂，一定要突破自己現有的邊界。

剛接觸船時，作為遊客，我乘坐了遊輪、遊艇、帆船，擁抱過並不溫柔的海風，親吻了鹹澀的海水，我感受到的是風的自由，大海的無垠。那時的我驚歎於這蔚藍色的浩瀚，折服於宇宙世界的神奇。但當我真正成為一名船長，站在船上，握住舵的那一刻，我發現一切都變了。之前我和船上所有遊客共用美景，但是這一次，我開著船從遊艇會駛出，操控著整艘帆船在大海上乘風破浪，那種駕馭感和真正的自由感讓我熱血澎湃，猶如插上翅膀飛翔。

在那一刻，我體會到了，人一定要不斷學習並超越自

己的邊界，才能獲得與以往不同的快樂，那是一種更高級
的快樂。這種快樂是你躺在家裡的沙發上，窩在舒適圈裡
完全無法想像的，是一種別樣的生命體驗。

我喜歡這種不斷拓展生命寬度的感覺。

有一次乘坐高鐵時，偶遇一位六十來歲的女性。她安
靜地坐在窗邊，手捧一本英文書，口中念念有詞。停下來
休息時，她認出了我，於是很自然地聊起天來。我好奇地
問她剛才是在學英語嗎？她眉飛色舞地告訴我，她的女兒
在國外讀書，她有時會過去看望她，從登上飛機到入關，
很多地方都要用到英語，所以就萌生了學習英語的想法。
我提醒她，可以在手機中下載一個翻譯軟體，那樣會更方
便。她搖搖頭告訴我，她這個年紀能開口說外語是一種難
得的人生體驗，既然有這種機會和語境，為何不去全然體
驗一番呢？

出自六十來歲老人家之口的這番話，我不能更贊同！

生活是一種體驗，生命是一場旅行。

盡興地感受豐沛的生命之流途經我們，每進一寸都有
一寸的快樂！

「世之奇偉、瑰怪，非常之觀，常在於險遠。」世間

壯麗奇異、非同尋常的景觀，往往在於艱險和僻遠，人跡罕至的地方。而內在靜謐深刻的生命體驗，未嘗不是另一番令人嚮往的景象，唯有不斷向內心更深處探索，才能領略其幽微、絕妙。

不斷精進自我是我始終抱持的人生態度。

令人欣慰的是，在日常生活中，Doris 也潛移默化地受到了影響。

對這麼小的孩子來說，她是理解不了「不斷學習」、「超越自我」這些詞語的。

但有一天，Doris 告訴我她要去做幼稚園晨會活動的主持人，是她自己舉手爭取的。我當即對她豎起大拇指。其實，她的性格有點慢熱，也有點害羞，不太會主動提出要參與什麼。如果我鼓勵她去做這件事，她或許也會做，但是自己舉手跟老師爭取，對她來說真的是個突破。而且她「競選」成功後，每天很努力地背臺詞，把平時玩的時間拿來為這件事做準備。

活動現場，我坐在台下，看著 Doris 在老師、同學們中小小而忙碌的身影，嚴肅認真的小臉，其實心理挺暗暗

替她緊張的。雖然她不是第一次參加這種活動了，但這次
她格外認真，想做好的意願非常強。

　　她站在臺上，無論是主持，還是跳舞，都非常到位，
當真是颱風穩健，又不失活躍。看得出來，她非常享受那
個狀態。

　　台下的我已然熱淚盈眶。

　　她不僅圓滿主持了一場活動，更是去做了一件敢於超
越自我的事。

用眼界丈量世界的寬度

如果你問我，對於一個二十多歲的年輕人來說，什麼最重要？

那一定是：眼界。

如何能擁有更寬廣的眼界呢？我想有兩種方式，一種是通過讀書，另一種則來自閱歷。

很認同梁實秋的一句話：「**讀書和不讀書，過的是完全不一樣的人生。**」

讀書讓我們跨越千百年歷史和偉大的靈魂對話，幫助我們走出傲慢與偏見，思考並認識真實的自我，是個人成長最有效的途徑。

　　有人說，讀書有什麼用，還不是過一陣子就都忘了？確實，時日長久，書中的細枝末節可能會被遺忘，但讀過的書像不斷匯入江河的涓涓細流，潛移默化地澆灌著你的成長，成就了你的談吐、修養、氣質和眼界，讓你的生命變得壯闊深遠，不知不覺地改變了你的人生。

　　正如胡適所說，「當我還是個孩子時，我吃了很多的食物，大部分已經一去不復返而且被我忘掉了，但可以肯定的是，它們中的一部分已經長成我的骨頭和肉。讀書，對人的思想的改變也是如此。」

　　旅行的意義亦是如此，兩個女兒從幾個月大時，我就帶她們環遊各地。有人說她們還小，去了很多地方也記不住，我卻認為，那些看過的風景、吹過的海風、沐浴過的陽光，都會伴著呼吸成為她們成長的養料，化為無形，深入細胞。

　　年齡雖小，但她們的視覺、聽覺、觸感，和味覺對這個世界全然打開著，她們在用一種成年人難以感知的方式認識著世界……我們一起去看這個世界的山川湖海、燦爛文明，在與不同膚色的人交流中，讓她們認識和感知世界的豐富，我們一起在應對旅途各種突發狀況的過程中，成

長學習。

　　記得那日潮落，我們在海邊，拾了很多海參。Doris
伸手摸了摸，她好開心，然後我們又一起把它放回了海裡。

　　這就是我教給她的第一課：愛護自然，敬畏生命。不
是每一個被我們拾起的生物都只為了飽腹嘗鮮。等她們這
代人長大了，我相信她們治理的世界沒有霧霾，江河清澈
見底，食品安全，人心無邪。而我能做的，就是用我僅有
的知識與眼界告訴她是非對錯。

　　我希望她們學習海量的知識來解答人生的密碼，修行
豁達的胸懷來度自己人生的疑惑，行萬里路讀萬卷書擴寬
自己認知的半徑，最後永遠擁有重新開始的勇氣。

　　親自去丈量世界，見識過、體會過，沉澱下來的便是
閱歷。

　　在年輕的時候，千萬不要貪圖安逸和溫暖，如果有機
會的話，要待在大城市。城市和城鎮帶給人的視野和眼界
也絕不相同。大城市激烈的競爭，會促使你不斷突破自己
的局限，會帶給你多樣化的價值觀，會告訴你人生不是只
有一種活法。

　　在這個充滿偏見、不理解，甚至意見不同便惡言相向的時代，能夠接受別人有不同的三觀、不同的活法，是多麼重要的事情。它直接決定一個人的氣度，接人待物的方式和胸懷抱負。

　　我經常跟 Doris 說，你一定要去看遍這個世界，然後再做選擇。

　　如果你去過許多美麗的地方，看過許多美麗的風景，見識過這個世界是如此壯麗而遼闊，看到過這個世界上的人是如此不同，你才能看清自己真正所愛，才會安然接受生活給我們帶來的歡樂和苦難。

　　因為如果歡樂必不可少，那麼，我們也應該能夠坦然接受暫時的挫敗和困難。你心裡會明白，你見過這個世界上的好，你見過這個世界上真的有人過著你想要的生活，你知道你值得一切更好的東西，所以你會更加篤定，更加心無旁騖地努力。

　　或許人生只有兩條路：要麼拼命地去創造價值，要麼安靜地等待老去。但是，只有努力過的人，才有資格享受內心深處的波瀾不驚。

吃體力的苦，更吃學習的苦

「我真的能吃苦！」

「我不怕苦，不怕累！」

不論是在面試時，還是在網路上收到的簡歷裡，求職者似乎很喜歡強調這一點。

這裡所說的苦，大部分指的是體能上的付出。十幾年前，老闆們或許對這一特質讚賞有加。

但是在科技不斷進步的今天，機械化生產大量替換人工作業，智慧的無人化操作機器也越來越普遍，飯店和餐飲行業隨處可見智慧服務機器人，就是最好的佐證。在不久的將來，許多工種將面臨被機器人所取代的命運，一場

人類工作崗位升級的變革將勢在必行。我們不得不承認，單純拼體力的工種會首當其衝。

那麼，在如今的職場上，如何做才能更具備優勢，才不會被人工智慧威脅到呢？

你依然要能吃苦，但區別於體力上的苦，而是要吃精神上的苦：

你要有持續學習的能力，能吃學習帶來的苦。

社會發展日新月異，移動媒體迅速崛起，「興趣電商」這種新型態商業模式，逐步搶佔傳統電商的市場份額，成為新的趨勢。在網際網路環境下長大的年輕人，緊跟社會發展的趨勢，不斷分析用戶的需求和痛點，能夠為用戶提供個性化的解決方案，從而有效地服務和留存使用者。這需要一個人具有敏銳的市場直覺、極強的學習能力，每個企業都需要這樣的人才。

你要有獨立思考的能力，能吃反省提升的苦。

在駕輕就熟的工作過程中，你是否能及時覆盤，具有整體化思維，能夠通盤思考，有效提出更優的解決方案，或更節省資源的操盤計畫，或僅僅是一次比一次取得的成

績更好？這都是考驗一個人是否具備獨立思考和反省能力的機會。

你要做到忍耐與克制，能吃自律的苦。

你能否在職場上，一以貫之地保持精進向上的姿態？你是否能夠有效地管理時間？有了目標之後，你是否能夠高效地落地執行，絕不拖延？你能否有效地精進長處，補足短處？你能否克服人性中的弱點，不斷強大自我？自律的苦最難下嚥，向內精進是一個需要忍耐與克制的漫長過程，是一場破繭成蝶的蛻變，但枯燥的自律將會帶給你質的飛躍，將你升級到另一個層次。

你要敢於承擔責任，能夠承受壓力帶來的苦。

各行各業人人都有壓力，外賣員有每日接單量的壓力和及時送達的時間壓力，房產仲介有衝刺銷售額的壓力，老闆則承擔著企業生存、發展和壯大的壓力。「噴泉之所以美麗，是因為水有壓力；瀑布之所以壯觀，是因為沒有退路。」社會的蓬勃發展，離不開每一位從業者的辛勤和努力，每個成年人選擇一路向前，就沒有任何怨言。

能吃這些苦，才是一個人真正的優勢所在。

那些低效的、加班到天亮、熬夜到天明的辛苦，只是

體力的不斷重複，是在用戰術上的勤奮去掩蓋戰略上的懶惰，能收穫的只有自我感動罷了。

　　人天生就有惰性，思維懶惰比身體懶惰的人更多，如果凡事願意多思考一點，就能拉開自己與他人之間的距離，這才是當今職場上的能吃苦。

　　這世界上，唯有人類具有思考力和創造性，機器人為人類所研發，它的出現並不是為了取代人，機器人未來的應用場景會非常廣闊，無疑會大幅度提升社會生產力，但那些真正具有創造性的工作，需要發揮人的主觀能動性的工作，則永遠不會被人工智慧所取代。

不做受害者，去做創造者

　　三不五時地就會收到網友們關於原生家庭的留言，向我傾訴原生家庭如何影響並塑造了他們的性格，甚至將成年後的生活現狀、社交能力差，乃至職業發展的舉步維艱，統統歸因於不健全的原生家庭和匱乏缺愛的童年經歷。

　　粗看下來很是讓人心疼，難免生出成長之路盡是荊棘之感慨，但我也隱約感受到一個出奇一致的真相：**有過傷痛之人，更願意沉浸於傷痛。**

　　略略看過幾本心理學著作，雖才疏學淺，但對這個問題，我有我自己的答案。

　　「幸運的人，用童年治癒一生；不幸的人，用一生治

癒童年。」說出這句驚世駭俗之語的人，是個體心理學派創始人阿爾弗雷德‧阿德勒。世人皆知這一句，卻不知道正是阿德勒告訴世人，**決定一個人幸福的，永遠不是外在發生的事件，而是他內心對所發生事件的解讀、看法，以及他面對事情的心態。**對過去經歷的解讀方式就是你選擇的生活方式。

　　換句話說，你不是所謂的受害者，而是自己世界的唯一創造者。

　　弗洛伊德將一個人當下的一切境況，歸因於過去的經歷，解決之道也需追本溯源，從過去尋找原因並將其剷除。阿德勒則著眼於未來，他在其經典之作《自卑與超越》裡，清晰地表達了這樣的觀點：「人在所有的情境中都有所選擇。」

　　面對過往的經歷，如果我們認定自己是受害者，一味地沉浸在過去的束縛中，那麼將無法突破和改變現狀。如果我們從那些經歷中尋找到積極的意義，將會有機會創造不一樣的生活景象。

　　不厭其煩地陳述過去，無休止地沉浸在傷痛中，可能只是因循守舊維持現狀的藉口，有種推脫責任的輕鬆。而

改變對外界的看法和調整自己的行為方式，則需要莫大的勇氣。

　　弱者等待救贖，強者創造生活。我認為，阿德勒的觀點才是指導現實生活的積極心理學，他指引我們不念過去，不懼未來，做真實的自己，勇敢選擇自己的生活。

　　美國詩人亨利・朗費羅，寫過一首給年輕人的詩，鏘然有力量，恰是我內心所想表達：

人生頌

不要在哀悼的詩中告訴我
「人生，只不過是幻夢一場」
因為睡去的靈魂已然死去
事物的真相和外表不同

人生是真切的
人生是實在的
它的歸宿並不是荒墳
你本是塵土

仍要歸於塵土
這話說的並不是靈魂

我們命定的目標和道路
不是享樂
也不是受苦
而是行動
在每一個明天
都要比今天前進一步

藝術永恆
時光飛逝
我們的心
雖然勇敢 堅決
仍然像悶聲的鼓
它正在
伴奏像墳墓送葬的哀樂
在這世界的遼闊戰場上
在這人生的營帳中

莫學那聽人驅策的啞畜
要做那戰鬥中的英雄

別指靠未來
不管它多迷人
讓已逝的過去永久埋葬
行動吧
趁著現在的時光
良知在心中
上帝在頭上

偉人的生平昭示我們
我們能夠活得高尚
而當告別人世的時候
留下腳印在時間的沙上

也許我們有一個弟兄
航行在莊嚴的人生大海
船隻沉沒了

絕望的時候
會看到這腳印
而振作起來

那麼
讓我們奮力前行
對任何命運抱英雄氣概
不斷地進取
不斷地追求
要學會勞動
學會等待

湮滅的過去，猶如囚困的樊籠，活潑潑的心靈，卻可以隨時為我們自己做主。

我們既不生活在過去，也不生活在未來，我們真切擁有的只有現在。不要活在過去的暗影裡，也不必活在對未來不切實際的幻想中，請活在此刻真實的行動中。

如果你能將目光始終放在當下，勇敢地創造生活，那你將是最幸福的人。你會發現沙漠裡有生命，發現天空中

有星星，發現愛的人眼睛裡有星辰大海。你還會發現，生活就是一場盛大慶典，每一天都是節日。

如果你沒有來自一個幸福的家庭，那請確保幸福的家庭來自你。我常常以此自勉。我這一生，既不熱衷美食穿戴，也不講究華而不實的排場，更不追捧高檔稀缺的奢侈品，唯有一個愛好，是為我愛的人和愛我的人付出所有。

各有渡口，各有歸舟。人生在世，每個人都有自己的課題與使命，這也是我們必須的修行。

愛是生活的禮物，不是救命的稻草。祝福我們每個人都能得到愛，並學會愛。

遵守本心，凡事向內求

　　人生是一張白紙，你在上面畫什麼，就會擁有什麼樣的生活。不要抱怨命運的不公和身邊的人與事，上天給了你來到這個世界的機會，我們擁有了寶貴的生命，應該懷著感恩之心，盡情地去體驗、去綻放。

　　早晨八點醒來，凌晨三點躺下，從生產到管理，再到終端銷售、管理團隊、研發新品，除了這些，回到家當爹也當媽。三天出差的間隙，還想抽出時間回家看看娃。

　　認識我的朋友，都說我每天似乎一刻也不得閒。但我喜歡這樣的狀態，也並不覺得累。

　　網路上有不少年輕朋友留言私訊我，說自己找不到上班的意義，生活也很乏味，每天工作很沒有樂趣，生活也缺乏熱情。問我如何解。其實答案在內心，凡事所求應向內。

　　人無遠慮，必有近憂。如果對生活缺乏追求，就容易喪失熱情，如果沒有人生目標，就不容易從工作中得到成就感和價值感。以及，請認真審視自我和這份工作是否是自己真正喜歡的。

　　逐一拆解當下生活的困境，想清楚自己最需要什麼？就這一生的目標，列出十二件必做的事來，從中再挑三四件最棘手、最迫切的事，優先去解決，設定一個時間期限，以此類推每天該做些什麼。

　　人生不過三萬多天。做一切事時，不妨從整個人生的角度看，我應該做出怎樣的改變，心態上應該怎樣調整。

　　生活是過給自己的，人活著就已經很累了，一定要學會取悅自己。

　　在婚姻中，不要因為對方而把自己變得特別邋遢，吵了架也要把自己打扮得美美的，永遠保持著面對生活的精

氣神。

　　關於工作，由於人的本性是趨利避害，所以大多數人
會下意識選擇循規蹈矩，不必因此羞愧，重要的是感到快
樂。如果每天重複同樣的生活，做同樣的工作，在同樣的
地方居住，也能讓你很快樂，你當然可以保持現狀。

　　但是，如果你和我一樣，嘗試新事物總是難掩興奮，
或者對眼下的生活感到焦慮不安，總忍不住垂頭喪氣，如
果你的內心在呼喚改變，那麼立刻開始研究改變一下路徑
吧：你可以做什麼，想住到哪裡，以及到底想得到一份什
麼樣的工作。

　　要知道，拓展心理事業的最佳方式是探索新的地方，
與新的朋友打成一片，走自己的路，不必總是遵循別人對
你的期望。

遠離無用社交

　　朋友有事約談，在我辦公桌對面坐下。我沏茶給她，幾杯茶過後，她的嘴巴向我右側努了努，一手舉著茶杯半開玩笑地說：「你覺不覺得，這點水多少讓人感到尷尬。」

　　我順著她的示意，看向我精緻的煮茶壺。是的，茶壺不大。

　　「這點水吧，總覺得我喝完兩杯就該走了。」

　　說罷，二人相視而笑。

　　其實，她沒留意到，她坐著的那把鐵製小圓凳，也是我有意挑選，沒有靠背，不設坐墊，只夠坐著把事聊完。要是換成沙發，往裡一窩，談天說地，客人來了恐怕一時

半刻都不捨得走。

　　這也是我為什麼不在辦公室放置沙發的原因。

　　我崇尚高效和務實。有事說事，高效溝通，精簡圈子，遠離無用社交。

　　我是一個外向的孤獨患者。

　　不喜歡接電話，參加活動之前會感到不安，面對不熟悉的人不會主動聊天，也會刻意迴避一些面對面的溝通，只有在特定的地點或者和熟悉的人在一起時，才會感覺自在。但我並不會因此而覺得失落。

　　實際上，我也可以完美地履行所有社交技能，但我打從心底不喜歡這些。我更想把時間花在我在意的事情上，比如，陪伴家人，為了節約上下班通勤時間，我把家安在公司樓上，下班只需要兩分鐘就能到家陪伴孩子；做日常的工作，前一天晚上，我會在備忘錄裡列出第二天要完成的所有事項，當天馬不停蹄地推進；工作處理完後，會抽時間閱讀喜歡的書籍，寫寫文章。我也不覺得杜絕社交會為我的生活帶來任何負面的影響。

　　朋友說，我有自己的生態圈，自動自發，並且自給自足。甚至有朋友說，我像一隻喜歡獨處的獅子，根本不需要社交生活。我享受獨處的時光和靜默的思考，許多靈光閃現的瞬間皆來源於此。其實，人不必隨波逐流，也不用人云亦云，清楚自己的目標，做好自己的事情，持續地向內用功，比什麼都重要。

　　我一直都十分清楚，自己想要成為什麼樣的人，想要擁有一個怎樣的人生，所以我把精力極致地專注在目標上。當你沉浸在自己喜歡的狀態裡，會越來越興奮，並能不斷得到滋養，專注地通往變強的道路上會給人帶來沉靜安寧的莫大能量。

　　所謂「亂花漸欲迷人眼」，紛繁無章的外界資訊正在瘋狂地稀釋著人的注意力，無形中，精力就被耗散了。一天下來，沒做成幾件事，卻感覺一時三刻也沒閒著過。

　　當你撥開繁冗的外界干擾，把目光聚焦於自身，你會更清晰地知道，自己的目標是什麼，該如何去努力。

　　我認為，真正的滿足和安心，來自能夠給家人和社會提供更多有價值，且有意義的事情。

清醒自律知進退。

這也是一種難得的自我滋養。

如果有來生要做一棵樹，站成永恆，沒有悲歡的姿勢，一半在塵土裡安詳，一半在風裡飛翔，一半灑落陰涼，一半沐浴陽光。非常沉默，非常驕傲，從不依靠，從不尋找。

——作家 三毛

拼圖三

自足
100 種活法

包容孩子的 100 種活法

　　Doris 和 Hatti 未來的選擇完全是開放性的。作為家長，我對孩子抱持的宗旨是什麼？健康和快樂，永遠健康和永遠快樂，保護好自己的身體，不受疾病所侵傷。

　　快樂是什麼呢？培養她們內在精神層面上擁有享受快樂和滿足的能力，至於她們選擇哪一種生活方式其實並不重要，有這個穩定的內核就足夠了。

　　生活是一場體驗，我帶 Doris 去過許多地方旅行，平時陪她一起打高爾夫球，帶她去騎馬、滑雪、彈鋼琴、學畫畫、跳舞⋯⋯為她報過不少才藝班，做這些並非期望她有一天成為鋼琴家或舞蹈家，更不是在於「內卷」──這

是我最不想做的事情，而是希望讓她瞭解得足夠多。因為
體驗過才懂得，只有真正經歷過、瞭解過，才知道自己到
底喜歡什麼。

　　但體驗也要深入，不能是一時興起，今天喜歡就多練
習一會兒，明天不喜歡了就輕易放棄，我鼓勵並陪伴她持
續不斷地學習，幫她從每一個細微處體會到滿足與快樂。
比如，Doris 彈鋼琴時，我會引導她從中體會到快樂。
　　我會這麼跟她說，「你看很多小孩在社區裡跑著玩，
還有玩泥巴摳土的，你覺得他們快樂嗎？他們肯定很快
樂！媽媽小時候就很喜歡玩泥巴摳土，可開心了。但是這
種快樂是很輕易就可以得到的，是所有孩子都會的，而鋼
琴不是每個孩子都會的，在人群中落落大方地演奏，也不
是所有孩子都可以的。
　　「如果你喜歡玩泥巴摳土，那是非常正確的，但摳泥
巴的快樂，和你在一個演奏會上來一段鋼琴演奏，結束後
用英文去謝幕的快樂相比，媽媽想告訴你，雖然你還沒有
體會到第二種快樂，但是這兩種快樂是完全不一樣的。有
些快樂是可以快樂一輩子的，哪怕媽媽不在了，你也會因

為你所具備的一些技能、所掌握的一些知識,而感到非常的自信和快樂。這就是長久的、高級的快樂。」

永遠不要低估孩子的理解力,看 Doris 認真聆聽的眼神,我知道她是聽得懂的。

不僅如此,我還希望孩子們永遠有接納新鮮事物的準備,藉此她們能從學習中慢慢做出客觀的評價,能夠分析

接觸過的每一個事物，是用來當工具或者興趣愛好，還是當作拓展思維的階梯，對每一種答案我都接受，唯獨不可以憑藉自己一時的情緒而隨意放棄。其實這一點對孩子來說比較有難度，但還是那句話，永遠要相信孩子具備這個能力。

作為母親，為孩子們創造積極健康的成長環境，竭盡所能地提供我能做到的上限，同時也接受她們的平凡，不會對她們抱有成龍成鳳的期待。唯一的希望是她們可以找到自己的所愛，覺得生活多姿多彩，明天永遠值得期待。

有的媽媽會用自己的想法去左右孩子的選擇，干預他們未來的發展方向。我不需要孩子按照我的思維來活，只告訴她們優秀的人是什麼樣子，讓她們感受到榜樣所具有的品質和精神。通過大量的體驗，去感受這個世界的多樣性，當她們看過世界，再來確定自己真正想從事的事業，無須與他人比較，也不必有任何分別之心，哪怕是非常鮮為人知的小眾事業，只要她們充滿熱情，並願意在她的領域裡深耕鑽研下去就足夠了。

能找到一生所愛是幸運，如果找不到，調整好心態，樂享當下的人生也很好。在她們的三餐四季裡，我希望孩

子們看見流雲飄動會開心，感受微風拂面也很開心，看見朝陽升起很開心，撞見一場落日晚霞也很開心，遇到下雨天會感覺到無比涼爽，而不是嗐歎道路的泥濘。我還想告訴孩子們，她們的夢都是可以到達的，因為夢也是認知邊界內的產物，夢越大，世界越大。

　　幸福的方式有很多，成功的標準也很多，我希望孩子們選擇他們喜歡的人生。

　　不同的年代催生出不同的教育方式，以前我們只有一種考卷，而現在，孩子們有形形色色的考場、多樣的篩選機制。等他們長大了，擁有健康的心理、健全的人格，做事找尋意義，也無需固定的居所，不管遇到什麼事情，都有重新開始的勇氣，閉上眼可以翱翔世間，睜開眼也可以踏實地過好當下的每一天，充分享受活著的意義。

　　樂享人生，誰更享受誰就贏了。

睡前故事，潤物無聲

　　父母的意義，在於陪伴孩子的成長過程中，把生命中晦澀難懂的道理在生活點滴中進行引導，家規不應是教條的文字，家庭教育方針也不應該是訓斥與謾罵，而是充盈在每一處日常生活的細節中，每一次和孩子的對話中。

　　通過直接和間接的引導，讓她們體會到家長身上的精氣神，我希望她們充滿陽光，積極向上，永遠不氣餒，在她們的心裡，世間無難事。

　　和所有媽媽一樣，我每天晚上會給孩子講睡前故事，但我講給 Doris 聽的睡前故事有點特別，不在繪本中，在我無限放飛的想像裡。我們的故事分許多不同類型，有培

養品性的，有解決問題型的，有未來生活型的。我幫她理性分析哪些想法有可能實現，也試圖從中培養出她的人格特質。

比如，關於勇敢。

Doris 天生膽子比較小，從她一歲多就能看出來，我希望她能勇敢一點。在妹妹還沒出生，她快做姐姐的時候，我的故事就已經開始了。

故事的設定是這樣的。

場景：家裡；

主角：Doris；

事件：某天，當她回到家後，發現家中空無一人，我、外婆和保姆都不在家，也不在公司，她完全聯繫不到我，這時候家裡突然著火了，該怎麼辦？

接下來的情節進展中，我不會問她怎麼辦，而是直接講述出最勇敢的所有決策。這是一種潛移默化的引導。

「這時候，Doris 很努力地找到了一部手機，並給它充好了電，雖然在此之前 Doris 根本不知道怎麼給手機充電，但是她經過冷靜地思考，找到手機和充電器上一樣的

插口，插進去充好電了。Doris 覺得這個太簡單了，充好電之後，她就勇敢地撥打了媽媽的電話，因為她知道在特殊情況下，如迷路或走丟時，要打電話給媽媽，因為 Doris 背過媽媽的手機號碼，所以當時撥打了 136……」

我故意複述了一遍手機號碼，強化她的印象。此時 Doris 已經進入到故事裡，連連點頭表示非常贊同。

「可是電話鈴聲響了之後，電話語音說，媽媽的手機已經關機。突然間，Doris 聽見妹妹在她的房間裡哭，Doris 會不會去看望妹妹？」我提出第一個問題。

Doris 馬上回答：「會！」

我對此表示了肯定，然後接著講：「Doris 到了 Hatti 的房間，推開房門，看到妹妹哭得非常傷心。此時，Doris 馬上過去把妹妹抱到懷裡，拍著妹妹的後背說：『沒事，姐姐在。』忽然，Doris 用她的小鼻子聞了聞，怎麼這麼濃的煙味？」

身臨其境的 Doris 馬上說：「對，我在繪本裡看過，如果家裡著火了，要趴下來，要爬著走路。」

我再一次對她的正確發言表示肯定，並接著講下去：「然後，Doris 帶著妹妹就往門口爬，但這時候妹妹卻不肯

聽話，怎麼辦呢？對的，Doris 知道要用玩具去安撫妹妹的心情。」

我盡可能講述一個最好的解決方案給她聽，她會進入到故事，沉浸式地理解。

故事還沒有結束，考驗還在繼續，「Doris 知道這種情況下不能坐電梯，當她走樓梯下到三樓的時候，看見隔壁門裡有一個被濃煙熏得一臉黑的小孩，這時候 Doris 是否選擇帶他一起走呢？」

Doris 緊鎖眉頭，使勁點頭。

「走到二樓的時候，樓梯一下子坍塌了。這時候怎麼辦？一定不能跳下去，小孩子跳下去一定會摔傷的。」

Doris 一下子慌了！緊張地不斷想辦法。

我的故事像遊戲闖關一樣，給她設置障礙，給她科普安全知識，幫她選擇勇敢的決策，帶她走完整個遊戲，而不是問她在遇到這種情況下，她該怎麼辦，然後再一一糾正。我希望通過沉浸式的體驗，讓她感受什麼是勇敢的行為，以及勇敢帶給他人的幫助，從內在一點點地給她鼓勵，在她的內心播種下勇敢的種子，讓它在潛移默化中漸漸生根發芽。

每個睡前故事都是我編的，除了地震、火災這些緊張刺激的，還有關於未來生活的。孩子未來終究會成為獨立的個體，我希望通過這種方式，培養 Doris 的獨立意識，讓她對未來和未來自己優秀的樣子充滿嚮往。

故事又開始了。

「這一天，Doris 終於十八歲了，妹妹十四歲，Doris 的朋友 ×× 也長大了，已經十九歲了。Doris 和妹妹要去參加 ×× 的 Party，去恭喜她考取了駕照……」

Doris 很快便沉浸其中，想像著自己十八歲時的模樣，挑選什麼衣服去參加 Party，描述妹妹十四歲的樣子，甚至想像當時我和外婆的樣子。我們的未來故事中，不是炫酷的科幻風，而是幸福的日常風，很溫暖，適合做一個甜甜的夢。

不過，炫酷的科幻風似乎也不錯，下次我試試。

風起於青萍之末，教育往往發生在日常生活的細微之處，幸福和快樂也會相伴左右。

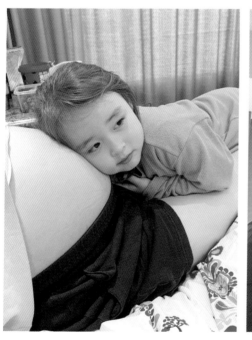

飯桌辯論，啟發認知

教育孩子很重要的一點是底層邏輯的搭建，基本的認知成型了，孩子們自然會在上面搭瓦蓋樓。孩子六歲前，父母尤其需要注意這一點。

那天在飯桌上，跟 Doris 就「是否瞻養父母」的話題做了一場辯論賽。以此鍛煉她的邏輯思維能力和語言表達能力，從中加深她對這件事的理解，啟發她的思考。

辯題是這樣的：媽媽把小朋友養大，但是媽媽曾在小朋友小時候動手打過他，把小朋友打得特別痛。正方問題是，小朋友長大後要善待媽媽、照顧媽媽；反方辯題是，

因為媽媽小時候打過我，所以我長大之後不對她好。

　　Doris 略一思索，就領了正方辯題，這代表她認同正方觀點。

　　Doris 率先發言：「父母變老了，如果不照顧他們，他們可能很快就會去世。等媽媽到天上之後，如果你沒有照顧她，她下輩子還會繼續打你，如果你照顧好她了，她就會意識到打你是錯的，下輩子就不會打你了。而且她是我的媽媽，我要回報她。」

　　該我發言了：「請問正方辯手，她打了我，打得很痛，在那一刻我覺得她並不愛我，所以我長大之後，也不想愛她，因為我們是獨立的個體，她不應該打我，她應該尊重我，她不和我溝通就直接打了我。我還那麼小，就會有很多事情做不好，所以她一定是不愛我，才打我。等到她年老的時候，我也長大了，我不會去贍養她，也不會對她好。我表達完了。」

　　聽我論述完，Doris 舉起小手，像做足了準備一樣：「到我了！要是這樣的話，還是要贍養她。你知道為什麼嗎？」她反問我，並接著說，「因為她打你是會有原因的，假如說你做錯事情了，比如你把水弄翻了，你知道那裡有水，

你知道不應該搞麻煩，但你還是做了，媽媽才打你。這件事情一定是有原因的，所以她不是不愛你，只是那時候她有點生氣。我辯論完了。」

「也就是說，你認為媽媽永遠是愛小朋友的，只是因為小朋友不乖了或做錯事情了，媽媽才會打他，對嗎？」我試著整理 Doris 的觀點，複述一遍。

「對，是因為他超級不乖！」Doris 緊跟著強調道。

我接著整理她的觀點：「所以，小朋友不應該記恨父母，對不對？」Doris 點頭表示認同，我接著進一步闡述觀

點，「即使小朋友做了錯事，可是他還是小朋友，小朋友就是會做錯事啊，成長的過程中大人都會犯錯，小朋友肯定也會犯錯啊。」

「你剛剛說什麼？」Doris 迫不及待地提醒道。

此時我還沒有意識到 Doris 抓住了理論依據，於是我又複述了一遍剛才的話：「大人都會犯錯，小朋友更會犯錯。」

「好！聽著，那大人會犯錯，在打小孩的那一刻，不應該就是大人的錯嗎？你沒想到嗎？我表達完了。」Doris 狡黠地眨著大眼睛，振振有詞。

此言一出，我大為震驚！不得不認同並讚歎，Doris 說得太對了。

我趕緊對她表達了肯定：「你說得對！你看問題非常精準，在打小孩的那一刻，就是大人的錯。大人錯在哪？我們錯在……」沒等我表達完，Doris 就把話頭接了過去。

「要尊重小孩。小孩做錯了，你得先告訴他，讓他意識到自己犯錯了，如果他不聽還繼續犯錯，你再跟他說，如果他還不聽，這時候你很生氣了，你再揍他。你都已經說兩遍了，他還不聽，他知道後果，但是他還要這樣，那

就沒有辦法了。」Doris 一邊繪聲繪色地說著，還一邊攤開兩隻小手作無奈狀。不得不承認，Doris 處理問題的方式，有理有據，進退有度。

「但有的孩子就是很淘氣，總是會把水倒在地上，總是不改正。他也聽不進去媽媽的溝通，需要家長付出極大的耐心。但是你知道，家長有很多要忙的事情，媽媽工作上忙起來了，孩子卻還在鬧，所以媽媽的情緒就會不穩定，就會想打孩子。」我試圖跟 Doris 講述，家長會在什麼情況下打小朋友，家長為什麼會打小朋友。

她用兩隻小手托著小臉，聽得很認真。我知道她在努力理解，於是我往情緒穩定的話題上引導：「我認為，即便是這種情況，打人也是不可原諒的。既然是大人，就要學會控制情緒，如果你控制不了情緒，孩子長大了就可以不養你。我辯論完了。」

「如果這樣的話，小朋友可以跟媽媽說，『媽媽，你打我很疼，你能給我一次機會嗎？』媽媽如果同意了，小朋友就有重新開始的機會了。」一邊說著，她兩隻小手一邊做出拜託的動作。

我也接著總結 Doris 的觀點：「就是說，你希望多給

小朋友機會，而不是用打他的方式去解決問題，因為打人的人在做錯的事情，被打的人也很痛苦，對不對？」

「嗯。」Doris 點頭表示贊同，我也逐漸被女兒的觀點說服。

「你接受我的說法嗎？」Doris 還記得在辯論中。

「媽媽接受，我覺得你說得對！我也設身處地地想了一下，假如外婆年輕的時候，對我不好，等到她老了，身體走不動了，我打內心裡也是會原諒她的，我還是很愛她，因為她是我的媽媽。這世界上我們每個人只有一個媽媽。」

也許是我不由得動容了，Doris 聽得也很入神，接著我的話：「沒有無數個媽媽。」

「對，沒有無數個媽媽。所以我們要珍惜這種緣分。」

平時相處中，我跟 Doris 溝通得很多，她也能聽進去我講的道理，並且總能領悟到那個正確價值觀的答案，充分辯證自己的主張和立場。她才來到這個世界上五年，前三年都在喝奶，後兩年才開始學習做人啊。

泰戈爾說過，「人是一個初生的孩子，他的力量，就是生長的力量。」

　　每個生命都有自己的軌跡和使命，身為父母，無法代替他們成長，也無須對兒女的未來抱持自以為是的執念，盡其所能進行正向引導，引導他們養成良好的生活習慣，其餘更多的其實是尊重，尊重每個生命原本的面貌，隨順他們的天賦使命，他們或許會長成超出你想像的、卓越優秀的樣子。

　　教育的本質是一棵樹搖動另一棵樹，一朵雲推動另一朵雲，一個靈魂喚醒另一個靈魂。

陶養人格，自信豐富

　　決定孩子一生的不是在校的學業成績，而是健全的人格修養。

　　那天看了一位語文老師的演講，感觸頗深。他講了一堂關於《詩經》文化的公開課，課後被人指責不該給學生講高考不考的內容，而他說真正的教育，給人的不僅僅是知識，還有文化。

　　不知道從何時開始，應試教育被放在了教育宗旨的最前端，在這樣的指導下，孩子們寫的文章千篇一律，孩子們的性格千人一面，這真的是國家需要的未來棟樑嗎？

　　孩子們不知道知識背後有怎樣的文化內涵，也不知道

自己將要成為這個國家新時代的主人，掌握這份藍圖需要具備哪些綜合素養。但我們知道，沒有高度的文化自信，就沒有中華民族的偉大復興。

我真希望，我們的孩子們能夠知道，我們有燦爛的詩歌文化，有經史子集的國學瑰寶，我們深受其教的人生道理，全部來自中國上下五千年的文化底蘊。

我真希望，孩子們在學會生活技能的同時，擁有健全的人格和創造美好生活的雙手。一個完整強健人格的養成，並不源於知識的灌輸，而在於感情的陶養。這種陶養就在於美育。塑造全面完整的人，也正是美育的宗旨。

　　人人都有感情，而並非都有偉大而高尚的行為，這是由於感情推動力的薄弱。要轉弱而為強，轉薄而為厚，有待於陶養。陶養的工具，為美的物件，陶養的作用，叫做美育。

愛不缺席，為母則剛

　　父母就是孩子的原生家庭，成年人的壓力，來自要做孩子的榜樣。

　　為人父母，不是孩子呱呱墜地，你就自然地升級成父母，而是在孩子的成長過程中，付出愛與陪伴，要以身作則去贏得「父母」這一稱號。

　　李安導演做客《魯豫有約》時被訪問到：「現階段您最大的幸福感是什麼？」

　　李安是這麼回答的：「我太太能夠對我笑一下，我就能放鬆一點，我就會感覺很幸福。我做了父親，做了人家先生，並不代表我就能夠很自然地得到他們的尊敬，每天

還是要賺取他們的尊敬。」

我深以為然。

　　孩子的三觀來源於原生家庭的三觀，父母的認知，直接影響著孩子的認知。

　　父母是什麼樣子，孩子就會表現出什麼樣子；你在家裡怎麼對待他，他在外面就會以同樣的方式對待別人；你怎麼向他表達愛，他就會以同樣的方式去愛別人；你如何與他共情，他就如何去跟別人共情。所以，一些單親媽媽的家庭，在和孩子相處時一定要注意心態和語言引導。不要給孩子輸出諸如「只有媽媽一個人帶你，你很可憐」、「媽媽帶你很辛苦，你要懂得照顧媽媽」這類的話語，這樣孩子無形中會感受到巨大的壓力。

　　如果父母給孩子帶來這種缺失感、失落感，孩子就會認為自己是可憐的。所以，父母要盡可能把正面的能量傳遞給他們，讓孩子感受到陽光，而不是負面的東西。

　　我們一定要相信孩子會比我們優秀，當你足夠相信的時候，他們就會朝著非常優秀的方向去生長，他們也會對自己有要求。

　　有句話怎麼說來著？如果想做一個偉人，你要站在偉人的角度去思考問題和做事情，慢慢地你就會成為偉人。身教大於言傳，父母首先要以身作則，為孩子樹立榜樣。

　　父母每天都保持積極學習的狀態，孩子自然能感受到你為了讓人生過得更好的那份向上的力量，孩子的感知力最不容低估，父母的些微情緒狀態，他們都能精確地感受到。所以，要以身作則，躬親示範，做孩子們的榜樣和英雄。如此，這些優秀的品質自然會傳習到孩子身上。

　　身為父母，如果自己不愛學習、不努力，妄圖通過言語說教，培養出一個愛學習的孩子，多少有點異想天開了。父母需要用自己的行動，贏得孩子的尊重，這點是關鍵。

　　有時，在網路上看到一些崩潰的家長，會不由得思索一番。

　　確實，教育重任落在了我們 80 後、90 後的肩膀上，身為獨生子女的我們，是不是某一刻還覺得自己是個孩子？突如其來的一切，社會的飛速變化，孤立無援的我們，還未懂得生存就突然做了母親。一團亂麻的生活和不作為的另一半，是不是也曾摧毀你對生命的定義？

但無論何時，都應寄希望於自己，而不是他人。孩子是生命的延續不是養老的依託，伴侶是生命的同路人，沒有也可自己行端，終生學習可以自救也可以救人，孩子的眼睛才是人間的良藥。

為母則剛，是深陷泥潭也必須要開出花來。

一鼓作氣是種因，來日方長是結果，所有的悲痛是生命的提攜，它要你立刻堅強，我知道這很難，但誰讓我們是母親，我們的大樹又在保護著誰？

因為是母親，所以教育引導是我，溫柔體貼是我，陪伴溫暖還是我；因為還擁有一份事業，所以披荊斬棘是我，遮風擋雨是我，安家置業也是我。

人生有多種選擇，每一種都有苦要受，能把苦變成甜，才是一世為人的能力。

父母愛子，教之以義方

《詩經·小雅·蓼莪》「哀哀父母，生我劬勞。」

每一個孩子都是父母的心頭肉，重男抑或重女，都有失偏頗。為人父母，參與一個生命的成長，都意味著付出和成長。

至要莫如教子。任何事業的成功，都無法彌補孩子教育的失敗！虎父無犬子，慈母多敗兒。沒有哪個男孩是與生俱來就優秀的，也沒有一個男孩無法被培養出來優秀的品質。

養育男孩與養育女孩，大有不同。男孩需要具備的品質，從小就要在他心裡播下種子。身為父母，一定非常重

視這個問題，因為你培養不好兒子，將來就會有孩子沒有
好的父親，一個女人擁有令人失望的老公。

　　「愛子，教之以義方。愛之不以道，適所以害之也。」
　　尊重女性，禮貌紳士，是對男孩最基礎的要求。因為
他的生命來自母親。
　　責任感是一個男人的底線，是一種自我要求。言教者
訟，身教者從。責任感來自於家庭的教育，養育男孩，道
德觀念和責任感從小就要種在他心裡，從成長點滴中教育
他學會承擔責任的重要。如果一個男人沒有責任感，大抵
是他從小沒有因為不負責任而受到任何懲罰，沒有體會過
不負責任的羞恥感，沒有人對他進行過道德上的批判，這
是教育出了問題。一個有責任感的男人，會對一切都負責，
對社會、對家庭、對伴侶。
　　責任感是基準，胸襟和格局是必要的，男孩子要培養
他經得起大事，有容人的氣度。
　　一個男孩成長為穩重的男人，是否擁有足夠寬廣的眼
界和高瞻遠矚的目光，也至關重要。
　　一個人如果只能看到眼下的利益，或者只看局部不見

整體，則難以有更大的發展。

　　既有遠大的理想，也對未來有美好的期許。因為一個有夢想的人，是一個對生活有追求的人，是一個有創造力的人，如果他能夠腳踏實地、落地執行，那麼他的未來一定不會差。

　　家庭是人生的第一堂課，父母是孩子的第一任老師。父母教育孩子，應做表率且潤物無聲。這樣，小時候可愛的男孩，長大後會成為一位紳士，會成為一位不讓妻子失望的丈夫，不缺席孩子成長的父親，一個頂天立地的男人。

　　現實生活中，有錢的男人比比皆是，嘴甜的男人亦不稀缺。然而，相比於外在的虛浮，男人內在的品質更為重要。一個男人穩重的表現就在於，有困難扛得住，有壓力頂得住，有風雨紮得住，有誘惑忍得住。

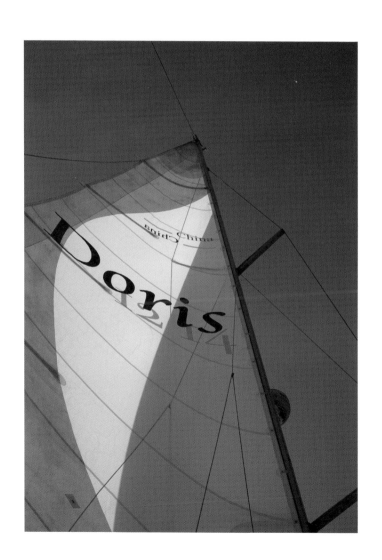

每個人都有他的軌跡和使命，生而為人不為得到同
類的認可，而是利用為人的時間修德行。這一生不論見
天地、見眾生還是見自己，修行總在人間。

——迪仕艾普　葉海洋

拼圖四

善

人生走正路

對自我有所要求

有人問：「做人和做事哪個更重要？」

先做人，再做事。做事的標準太多了，而品性是一個人的根本。

首先，做一個品性端正的人，做事情一定不摻假，然後這樣的人做了一個品牌，這才是做事。

對於一個品牌而言，品質永遠是第一位的。如果你並不是一個這樣嚴格要求自己的人，那麼只談做事，只會越做越差。因為自我要求太重要了，標準就是標準，堅決不糊弄，對品質的每個細節，絕不將就。

你是一個有原則的人，做的事情才有原則。

　　我做品牌的理念也可追本溯源到「正」和「善」，我們不打價格戰，因為想要價格便宜，勢必要在產品品質上做出讓步，降低品質上的成本，去滿足價格上的拼殺，何況價格戰哪有盡頭？總有別人比你更低。最後犧牲了品質，也沒有贏來銷量。所以我希望做自己就好，這個品牌就代表了我的整個狀態，哪怕只有一小群喜歡我們的人，得到他們的真心認可，就已然很好。

　　凡所作為，必有要求。

　　除了工作，其他事亦是如此。人生最重要的事，就是與你最親密的那個人（可能是孩子，抑或是伴侶）是否認可你，如果可以重來一次，他是否還會選擇你，這對我來講就是標準。所以，和每個人相處時，我都以這樣的標準為人處世，絕不做沒有底線的事情。

　　我不喜歡別人對我失望，法律層面肯定沒問題，但是我對自己有更高的道德層面的約束。所以，不管是陪孩子，還是工作，我都會盡我所能去做到目前能做到的最好。

　　我崇尚榜樣的力量。見賢思齊，見不賢而內自省也。我認為，優秀的人就是我的榜樣，我要自己成為什麼樣子，

要學習多少知識，要看多少風景，才能和他們保持同樣的
認知，我就開始對自己有這份要求。

　　孩子們的成長速度驚人，工作之外的時間，我通常都
用來陪伴孩子們，我不想錯過孩子的每一個成長瞬間。昨
天還在牙牙學語的小女兒，今天就能開口叫媽媽了，孩子
的長大好像是一瞬間的事，真希望她們能慢點長大。

　　Doris 幼稚園的每場活動、演出，包括家長會，我都
不會缺席，甚至出差我都想把她們帶在身邊，家人對我來
說就是最重要的。朋友說，看我平時那麼忙，還能騰出那
麼多時間陪孩子，簡直是「超人媽媽」，無形中給她造成

很大的壓力。因此，只要在我面前，她對自己的孩子就格外有耐心，不然會覺得自己對孩子很愧疚。

作為一個企業主，如果不能給團隊成員提供有發展的平臺和成長機會，那麼你就算很會賺錢，也不足以稱之為一個好的企業家。企業與個人一定要相伴成長，這點非常重要，企業在成長，員工也在成長。所以，在面對一些年齡比較小的員工時，需要付出更多的耐心和包容，梳理他們的底層邏輯，幫助他們理解自己的崗位要求及職業角色，希望他們能夠自己對自己提出要求。

刨除企業和員工的關係，每一個年輕人都是國家的未來，他們需要成長的土壤。而且有這樣的因緣，讓大家聚在一起，我也希望每個員工都能借助公司這個平臺，通過自己的努力，在快速發展的城市裡紮根，過上自己夢想的生活。

每一年，我都會做一個總結，然後設定一個新目標，再回問自己這一年是否生了智慧，還是原地未動。隨著年紀的增長，我對自己的要求也越來越多，一切答案都需要向內求。向內求得多，向外求得就少。

「仁者如射，射者正己而後發。發而不中，不怨勝己者，反求諸己而已矣。」古人修身必先從**內省正己**做起。

古聖先賢隨便出口的幾個字，可能是吾輩一生的課題。我總喜歡和智者求教一二，但難在，我身邊智者無多，再加精力有限，無交朋好友之時，遂書中取。夾縫時間反覆學習《論語》，才疏學淺，方刻意練習，聖人留給我們的從未是知識的本身，而是看待世界和人性的角度；絕非教化，而是容納，每一個人收穫的方法論皆為不同，所以果便不同。

我不羨慕物欲的人生，我只崇拜自由的靈魂，我喜歡智慧而非聰明的人，我喜歡和內心有格局的人聊天，我學習我所崇拜的人的思維方式，我補繳自己曾經錯過的知識，我總是獨來獨往，享受孤獨和思考的時間，我反省著自己，鞭策著自己，我想成為更好的人。

我是葉海洋，是女兒，是母親，是企業主。我珍惜每一段緣分，也竭盡全力把每個角色都做好，做得盡興！

允許一切發生

　　有位朋友問我，當你有負面情緒的時候，有哪些排解方式？

　　我想了想，還真沒有。已經發生的事情，都是會必然發生的，除了接受我不能做任何改動，那我為什麼要憤怒呢？從結局看開始，從死去看生的意義，一切安之若素。所以，我不需要出口。

　　曾經看過一個「人生十大遺憾」的評選，包括沒有考取理想的大學，結婚太早所托非人，入錯行業和忽視健康等問題。

　　那些錯過的人和事的選項，令人心生遺憾，但人生沒

有重來的機會，沒有想當初。生而為人，誰都有做錯選擇的時候，而這些就是我們應該去經歷的。

盡心、盡興、盡力地經歷過了，何談遺憾呢？

我們要接受這世界上突如其來的失去，灑了的牛奶、遺失的錢包、走散的愛人、斷掉的友情⋯⋯停下來告訴自己學會接受，如果不能微笑面對，那就抱以沉默。

誰的生活不是一地雞毛？只不過有的人選擇歇斯底里，有的人選擇沉默不語，而有的人則選擇整裝好再出發。

沒有想當初，只有現如今。

當生意第一次遭受重創時，也曾深感無力回天，但如果深陷其中，只會耗費更多當下的時間和精力。

「既入窮巷，就應及時掉頭才是，不可等一世消磨，方悔之晚矣。」 當現狀無可挽回的時候，要學會接受，並著眼於當下的緣起。凡是過往，皆為序章。舊故事的句點，就是新故事的起點。此時此刻，我能做些什麼。站在新的起點上，開拓迎接新的未來。

許多年前，當聽到一些有失偏頗的觀點，或和一些人在認知上有極大偏差時，我還會忍不住辯論一二，試圖讓

對方意識到自己的問題。自認為發之乎善意，想幫助對方，但不免讓這顆心變得爭強好勝，失去清涼。

如今，我已不再執著於與人分辯，也不再自以為是地好為人師，只是安安靜靜地做好自己，點頭微笑並且選擇尊重對方的一切。這並非是居高臨下的傲慢，或遠離是非的冷漠，而是更深切地懂得了每個人都背負著各自的人生課題，有些路必須自己途經，自己抵達。

當我們尚觀察不到背後甚深的因緣，允許一切如實發生就是最好的選擇。

允許告別與失去，允許遺憾與不理解，允許付出也可能沒有回報。

一切的發生本身，人力根本無法阻擋，無論是恐懼，還是期待，它都會自然地發生，所以選擇讓它過去。學會境隨心轉，任何不愉快與生死相比，都微不足道。

放下對抗，允許一切發生，未嘗不是另一種強大。隨之，會逐漸變得柔軟舒展，內心滋生力量。

我不信佛，不信命，但我信因果，自詡海洋是希望自己可以海納百川，三十歲悟到初衷，望四十歲學會心靜，我難以出口成章，但是喜歡記錄一二，你要問我我的夢想，

便是流浪，體驗百種人生，回歸田園與森林，生活一直在
路上。

　　看到真相，接受真相，享受真相。

　　萬事萬物，接受即心安。

你在，就好

1

　　一次在機場候機時，一位粉絲朋友認出我，她很熱情地跟我打招呼，我們很自然地聊了起來。她提到很想買一款兒童防蚊膏，在直播間蹲守一晚上都沒搶到，正好我隨身帶了一個，就拿出來送給她。她很開心，我也很開心！

　　遇見粉絲的時候，每一位粉絲都覺得自己很幸運，其實幸運的是我，在人群中被一眼認出並叫出名字時，真是有種莫名的感動！佛說，前世五百年的回眸，才能換來今生的擦肩而過。那要多大的緣分才能記住一個人的名字

呢？我深感惶恐又感恩。有幸參與你們的人生，哪怕是一閃而過，都是我的榮幸。

2

　　一天，我走進辦公室，收到一個快遞，上面用娟秀工整的筆跡寫著「重要文件，勞煩轉交葉總」。

　　打開之後，是一封信箋，沒有署名，不知稱謂。一個素未謀面之人像至交老友般向我傾訴心聲，信中提到最初「清澈的愛，只為國家」的赤子之心，人生履歷與職業選擇，以及同為老鄉對地方經濟發展的拳拳之心。信中還提及「認清生活的真相」，於我而言，生活的本質，是做自己喜歡的事情，做自己想做的事情，然後活在當下。

　　雖然微信也可以聯繫到，但我還是想手寫回信，我認為這是對來信者最禮貌的方式。整篇讀罷，倍感溫暖！

時候说再见了，在这个梦里，你感受自己，也短暂窥见了
胡安·米罗，他的生命。
光束，星轨。我们的命运片刻彼此交汇。
梦境里遇见米罗，梦境外，重回现实生活。
现实有边界吗？
跟随胡安·米罗，在无边的梦境中，再遇自我。
这是「无轮之廓」。

time to say goodbye. In this dream, you listened to your
heart and crossed path with Joan Miró.
ms, trails of that shooting star. Our lives intersected here

aw him, Miró, and his wonderland in our dream. Wal
and back to the real world, do you see the boundari

w Joan Miró's footsteps into our dream, look in yo
again.

This is boundLESS

3

　　迪仕艾普童裝品牌 DC EXPORT KIDS 發佈那天，我
在場內彩排，近三百名粉絲朋友在場外有序地等待進場。
燈光亮起，我攜女兒走出來，非常刺眼，我看不到她們坐
在哪裡，但是我聽到了她們鼓掌的聲音，我似乎看到了每

一個人臉上的笑容。我不知道我能帶給她們什麼，但我相信，是千絲萬縷的緣分讓她們坐在這現場，是由心底的支持和喜愛使得她們能冒著颱風和暴雨趕來。

　　我下臺後，又接受了媒體採訪，其實當時已經非常累了，但是工作人員告訴我，一些粉絲朋友還在等我一起合影，我便迅速趕到她們的位置。看到她們後，雖然我並不

認識每一張臉，但是她們的熱情讓我感受到我們就像是一家人。

　　以至於後來，我看到那天剪輯後的片子時，內心仍十分感動，眼淚忍不住在眼眶裡打轉。

　　我總覺得人間有真情，並非一定要建立在熟悉的關係中。如果我的生活給遠方的人帶來力量和溫暖，將是我莫大的榮幸。自媒體上記錄的無論是事業還是生活，都是我的真實寫照，呈現的本身是為了記錄生活。

　　我這平凡的一生，會一直記錄下去。

4

　　我們一輩子遇到的、欣賞的、談得來的、喜歡的，有那麼多人，有的做了朋友，有的做了同事，有的做了至交，有的過很多年才能見上一面，因緣不一樣，關係就不一樣，享受一切發生就好了。每當想到那些共同擁有的美好時光，都忍不住會心一笑。

　　寫到此處，顧城詩中的畫面忽地閃現眼前：

我多麼希望，有一個門口
早晨，陽光照在草上
我們站著，扶著自己的門扇
門很低，但太陽是明亮的
草在結它的種子，風在搖它的葉子
我們站著，不說話，就十分美好
有門，不用開開，是我們的，就十分美好

「美好」在於茫茫人海中的粲然相遇，在於笑而不必言的心靈契合，在於人生某個階段，也曾有過用蝴蝶般翩然跳動的指尖，輕觸陽光的明媚時刻。

　　我們相遇在各自的旅程中，彼此同行或短暫交集，時間或長或短，對此我從未開口言謝，因為覺得那樣太過官方。在此刻，想鄭重地跟你道一聲感謝，謝謝你讓我的人生大多時候都覺得這個世界很美好——那就祝我們爬不同的山，依然能夠在頂峰相見。

人間過路客

　　繁忙的人世間，我找到了一片寧靜的淨土，羅浮山延祥古寺。

　　沒有選擇開車，特意與大家一同乘坐大巴而來，這一路猶如通往內心世界的漫長跋涉，一個半小時的路程，終於抵達了這座莊嚴的寺廟，它掩映在群山之中，是一處幽靜的所在。

　　這便是我參加禪修的地方。先去客堂辦理掛單，掛單原指行腳僧到寺院投宿，現代人們進入寺院參加活動需借宿也被稱作掛單。拿著房門鑰匙，穿過寺院悠長的走廊，便到了寺院為我們安排的房間，房間裝修半是古意半是

新，深得我心。

　　脫下俗服，換好禪修服，禪修之旅也正式開始了。

　　第一天，學習佛門禮儀。始知跪拜乃至行住坐臥皆有章法，這些古老的儀式如同一把鑰匙，開啟了通往寧靜世界的大門，動盪的心隨之一點點安住下來。這裡不僅是佛祖的道場，也是迷失心靈的避風港。

　　「飯菜來自農夫的辛勤勞作、義工辛勤燒煮，一粥一飯當思來之不易。」在這裡，吃飯也頗具儀式感，成為學習感恩的課堂。齋飯簡單而純淨，每一口似乎都在淨化我的身體，為接下來的冥想打坐做準備。

　　在禪修中，代表現代生活的手機，卻成為累贅被放置一旁，這裡也沒有工作的纏繞，唯有心靈與自然對話。

　　下午安排了串佛珠活動，每顆珠子劃過指尖，仿佛能聽得見安靜的聲音，每撥一顆都是心靈的一次淨化。

　　第一次的禪修，讓我感受到了深邃的寧靜，像是浮世萬物都遠離了我，只餘內心的平和。

　　晚上，有幸與師父共同敲響寺院的鐘聲，莊嚴的鐘聲在山谷中迴盪，仿佛穿越了時間與空間，觸動我內心最柔軟的部分，不禁熱淚盈眶。在那一刻，我仿佛明白了禪宗

所追求的那份無我，心中湧動的平靜，是對塵世紛擾的超脫，也是對自我深刻的洞察。

　　第二天早晨五點，是寺裡的早課時間，彼時天尚未亮。很難想像，此時此刻，有一群修行人在深山之中，已經開啟了一天的功課。一眾人齊聚佛堂，按照既定的儀軌，從早課開啟一天生活。聲聲唱誦，猶如能量之海。在這裡，每一刻的體驗都像是一次靈魂的洗禮，在這片寧靜的天地間，我仿佛找到了心靈的歸宿。

　　隨著夜幕的降臨，我感恩於所經歷的一切，心中充滿了期待，期待別樣的生命體驗，期待朝陽下新的啟示。

　　在自然面前，人類渺如塵埃，我屈膝跪拜，內心所求並非外在物欲之追求，而是去除內心的執著與傲慢，希望人性中的醜與惡，在陣陣的鐘聲中消失殆盡。

我是人間過路客，遇見的皆大歡喜。

自古人生最忌滿，半貧半富半自安。

一切皆是修行

　　人類往往少年老成，青年迷茫，中年喜歡將別人的成就與自己相比較，因而覺得受挫，好不容易活到老年，仍是一個沒有成長的笨孩子。我們一直粗糙地活著，而人的一生，便也這樣過去了。其實回過頭想來，我們走過的每一段路，看過的每一處風景，欣賞過每一次的落日與晚霞，經歷一次又一次的四季更迭，遇到過形形色色的人……當真一無所獲嗎？

　　其實我們一步步學會了，如何與這樣常常帶來問題卻又讓人無限留戀的生活打交道。

　　我們所經歷的每一段時光都彌足珍貴，是每個人不一

樣的專屬劇本。

　　問題不斷又讓人留戀，這就是生活。

　　我們一般除了對跟自己有直接利害關係的人之外，對身邊其他人的注意力都不夠。不知不覺間，就覺得周圍的人冷漠、自私，以致自己有話無處傾訴，變得孤獨、壓抑。實際上，自己對他人的苦樂憂喜沒有用心，沒有付出，怎麼會有回報呢？

　　多去發現和體會，在自己看不到的背後，他人對自己的付出、理解、體諒和成全，那是善念善意開出的花。

　　生命中許多美好含藏在最平淡的日常中，需要去用心感知。

　　每遇佛像，定然起身長拜。不禁自問，究竟在拜佛還是在拜欲望？

　　我認為最大的信仰不是燒香拜佛，而是善待他人，守住道德的邊界，對世間充滿愛和善良。做磊落之事，行君子所為，我不懂跪拜之禮，我也分不清佛祖和每一尊菩薩的名字，我深知自己沒有能力去供奉神明，我只求修行於

人間。

　此去南山，我經過便跪拜，遇見是緣，跪拜是禮。此生我很幸福，再做許願就是貪，萬物皆有因果，我若求果必先種其因，善在心中，佛就在心中。

　要懂得人生不完美是常態，圓滿則是非常態，就如同月圓為少，月缺為多，道理亦然。

　不管是今天，還是明天，都好過昨天。

　所以，在不違背天地之道的情況下，做一個自由而快樂的人。

　這就好比一台戲，優秀的演員明知其假，卻能夠比在現實生活中更真實、更自然、更快樂地表達自己。

　人生亦復如此。

　人活一世，重要的不是去計較真與偽，得與失，名與利，貴與賤，貧與富，而是好好地快樂度日，並從中發現生活的詩意。

　人生是一場不易的修行，不必將自己困於執念和過去的傷害中輾轉頹然，求而不得未必是遺憾，相信老天另有安排，定會以另一種方式得以圓滿。

　人生如逆旅，我亦是行人。

　　每個人都有他的軌跡和使命，生而為人不為得到同類的認可，而是利用為人的時間修德行。這一生不論見天地、見眾生還是見自己，修行總在人間。

　　人生路上，時刻心存善念，走正路，吸引正確的人。

你是弓，兒女是從你那裡射出的箭。懷著快樂的心情，在弓箭手的手中彎曲吧，因為他愛一路飛翔的箭，也愛無比穩定的弓。

　　　　　　　　　　　　　　　　——黎巴嫩詩人 紀伯倫

拼圖五

愛

及時行「愛」

唯有愛意，沒有枷鎖

　　一天睡前，和 Doris 躺在床上講睡前故事。

　　我一時心血來潮，問她一個問題。

　　「女孩兒，如果有一天，世界上只有一株長在懸崖峭壁上的草才能救媽媽，你會爬到懸崖上去幫媽媽採下那株草嗎？」

　　她一隻小手杵著臉，毫不猶豫地回答：「能啊？在哪兒呢？」

　　我哭笑不得地重複了一遍：「在懸崖上。」

　　她似懂非懂，理直氣壯地問：「『懸崖上』是什麼？」

　　「就是在一座非常危險的山上，陡峭的岩壁上。」我

邊解釋邊比劃。

聽懂了之後，她窩在我胸口撒嬌：「不願意，不願意⋯⋯」一面說著，身體一面本能地往後縮了縮。

老母親難言尷尬，不死心道：「你要不要再想想？」

Doris 略作思索，旋即搖頭：「嗯⋯⋯不可以！」

「為什麼啊？」

「因為，我怕摔倒啊。那尖尖的東西可滑了。」她緊緊抱著我，繼續說，「我跟你說，我見過那麼大的山。」

「那媽媽就不在了啊。」我手輕輕拂過她的額頭，「你不救媽媽，媽媽就死了啊。」

「你知道嗎？我在山上看到兩朵小花，我小時候⋯⋯」她搖頭晃腦，開始胡說八道了。

「媽媽就說，媽媽生病了，只有這一朵花可以救媽媽。你願意為我去摘嗎？」

小傢伙腦迴路一下子就清奇了起來，「我也生病了。我不是上次生病了嗎？上次生病了⋯⋯」

我想問出一個答案來，窮追不捨：「你就說你救不救我吧？」

Doris 看了我一眼，說：「不救你。」

「再見。」

聽到這番對話，不少人都會覺得心寒了吧。

孩子或許還不懂得這對話的深意，但為人母者，卻深知對孩子，唯有愛意，沒有枷鎖。

「媽媽告訴你，如果真的很危險，要用你的生命做代價，才能救媽媽的話，你不用救了。Doris，首先你要確保自己的什麼？安全，對不對？你首先要確保自己的安全，才可以去幫助別人，聽到了嗎？」

「嗯……」Doris 窩在我的肩頭，輕聲回應。

「媽媽不用你救，媽媽救你就行了。好不好？媽媽去摘那個小花來救你，好不好？」

「好！」

說著，忍不住在女兒額頭上輕輕落下一個吻。

「什麼最重要？」我故意放大了一點聲音，提醒道。

「安全！」Doris用手指敲著小嘴唇，調皮地大聲回應我。

「最重要！」我補充。

「必須要保護自己。」她接著說。

「一定要先保護自己。你保護好自己，你覺得自己非

常安全了，再去幫助別人，對不對？」

　　「嗯！」

　　「真棒！女孩。」

　　我們教育孩子，同時也是成長自己。

　　年輕時，把事業打理好，為孩子提供富足的生活條件，和她們一同學習進步；年老時，提前安排好養老，保持健康的身體，絕不給孩子添麻煩。

　　每個孩子都是獨立的個體，她們因我們而來，但從不屬於我們。我們付出愛，卻不應以此為繩索綁架她們。十月懷胎固然辛苦，但孩子的到來，也讓我們體驗到無與倫比的快樂，我的生命因此而點亮。半世陪伴，已然萬分感恩，怎麼會奢求更多呢？

　　我們彼此相愛，雙向奔赴，愛的暖流時刻在我們之間湧動。

　　愛就是付出，所以永遠也不會失去。

　　父母對孩子，唯有愛意，沒有枷鎖！

二寶相處，一切源於愛

　　很多人問我，兩個女孩子你更偏向誰？

　　這都什麼年代了，還用「偏向」這個字眼？兩個孩子我都愛。

　　孩子在不同的年齡段，家長給予的關愛自然是不同的，Doris 快五歲了，她需要家長引導規矩、情緒、習慣、價值觀的初步建立，以及解決基本問題的能力等。Hatti 還小，三歲前只需要培養安全感就可以了。因為每個階段的教育方針不同，所以對於孩子的容錯度自然不同。

　　正因如此，有些家庭的大寶對二寶出現了複雜的認知，這不是孩子的問題，而是家長的引導問題。家長不能

只是一味地要求大寶去理解二寶年齡小，要求他謙讓弱小的，以大寶的年齡是理解不了向下相容這個邏輯的。

家長要引導大寶去理解，一個人類在生長週期初期嬰兒階段的行為，做共情教育，同時引導大寶，愛是你謙讓二寶的起源，你讓著他，是因為你愛他，而不是因為他小，家庭責任感就是這樣一點點生出來的。這樣大寶覺得他是有主動權的，是他選擇了愛，這會讓他更加自信。

相反，父母一味讓老大去忍耐和理解，而不講更深層次的關係，那麼孩子只會產生逆反心理。老大會覺得，我是為了父母的要求而忍耐，因為我年齡大就必須不去爭搶我最愛的東西，包括母親的愛。長此以往，他是學會了忍耐和謙讓，同時也導致他被迫學會了，在面對社會上任何人時，都習慣性地選擇無條件讓步，或者報復性地爭奪資源。這就是父母教育失當。

其實，父母哪有什麼壞心思，手心手背都是肉，不要等時間的沉澱才讓孩子自己理解愛的涵義。在孩子年幼的時候，幫他樹立正確的三觀，去重視、去表達他每一次展露出來的成長情緒，去疏導而非壓制，讓他在成長的過程中就感受到深深的愛意。

　　我深感欣慰和幸福的是，Doris 和 Hatti 兩姐妹間的日常，滿滿的都是愛。

　　有一次，兩個小傢伙在家裡玩，Hatti 不小心用玩具打到了 Doris 的腳踝。Doris 坐在地板上一邊喊 Hatti，一邊自己用手揉著腳踝，成功引起 Hatti 的注意後，她對 Hatti 說：「你用玩具打到姐姐這裡了，Hatti 揉揉。」Hatti 明白後，有模有樣地學著姐姐的樣子幫她揉了兩下腳踝。

　　轉而 Doris 跟我說：「你知道嗎？Hatti 用玩具打到我了，我都不怪她。」一副大姐姐的模樣。

　　「為什麼不怪她呀？」

　　「因為她是我妹啊。」說這話時，Doris 看上去既自豪又有擔當。

　　此時，Doris 注意到 Hatti 在專注地翻箱倒櫃，不知道在忙什麼。Doris 轉身坐上鞦韆，想用鞦韆引起她的注意：「Hatti，來，姐姐抱抱！」

　　只見 Hatti 終於從櫃子裡翻出她想要的東西——好幾張貼紙，她拿起其中一張，走近姐姐。原來，她知道姐姐受傷了，在她的意識裡，受傷的地方貼上貼紙就好了。

　　幫姐姐貼完貼紙，Hatti 彎腰指著自己的小腳丫，並

發出「咿咿呀呀」的聲音。

「你也想在腳上貼一個是嗎？」我問。

「啊，啊。」顯然是猜對了她的心意。

「好，去吧。」

於是，Hatti 轉身又去拿了一個貼紙，不慌不忙地坐在地板上，在自己的腳踝處也貼了一片貼紙。這樣就跟姐姐一樣了！

「Hatti，抱抱，姐姐抱抱。」聽見 Doris 在身後喊她，Hatti 站起來像姐姐那樣也坐上鞦韆，正好坐在 Doris 懷裡。兩姐妹一起開心地盪起了鞦韆。

Doris 在鞦韆上穩穩地抱著妹妹，認真地說：「這樣坐，小朋友安全一點，就不會摔了。」她們倆是跨坐在鞦韆上的，之前 Hatti 正坐在鞦韆上摔下來過，Doris 就一直記著。

愛不是迫於無奈地放手，而是發自內心地自然流露，因為我們是一家人。

這就是孩子，每個孩子都是一張白紙，大人在她們心中播下什麼樣的種子，她們便會開出怎樣的花朵，結出怎樣的果實。

這便是新生的力量，在稚嫩的外殼下包裹著一種旺盛

的生命力。

　　我們一定要相信這種力量。

　　也一定要相信，相信的力量。

　　要相信孩子會長成讓我們驚喜的樣子，一定會的。

不是物質的疊加，而是愛

如果你問我，生命是有光的嗎？
那大概就是你降生的那一刻，
啼哭的聲音昭示著我是你的母親，
而你是我這一生最寶貴的禮物。

這是我 2021 年在 DC EXPORT KIDS 時裝周首秀上寫
給 Doris 的一段話。這短短的 T 台，演繹著我與大女兒的
三年，對於我來講，這並不是一場秀，而是我們之間一場
盛大的回憶。

DC EXPORT KIDS 是我為 Doris 創辦的一個法式親子

中高端服飾品牌，分為黑標和銀標兩種，黑標是秀款也是定制款；銀標是日常款。在中國做法式高端品質的童裝品牌一隻手都能數出來，過高的價格讓很多家庭望而卻步，所以我跑通供應鏈，從生產環節解決C端價格過高的問題，並對衣服的品質、做工、面料等方面都做了嚴格審查。一切準備妥當，2021年11月舉辦了T台秀，我和Doris邀請了許多小模特一起出席參加，現場還有上百名粉絲朋友前來捧場。

每個媽媽都喜歡給女兒買漂亮的裙子，每天把女兒打扮得漂漂亮亮的，我也不例外。這是一份送給女兒的美麗禮物，我也希望這是我留給女兒的美好回憶。

那年的萬聖節，幼稚園組織小朋友們做活動，我提前三天請版廠做好了Doris的衣服，在幼稚園裡她一路小跑，開心得不得了，邊走邊說，「這是媽媽給我做的衣服」。看著她開心的樣子，我暗暗告訴自己，以後每個節日，我都專門給她定制只屬於她的禮服。無論多忙，我都會尊重她的每一個節日。

我做過最浪漫的事，就是把大女兒的名字、生日和她人生的第一次塗鴉都設計到我們的帆船上，**揚帆起航的那**

DC EXPORT Kids

一刻，全世界都會知道我對女兒的愛。

　　看著孩子，我就明確了自己作為母親的使命，她們倆是我這趟人生唯一的浪漫錨地。我想對她們說，遠方的帆還在迎風，而船艙裡都是你倆的笑聲，生活一直在路上。只要我跳起來能夠得到的一切，都給你們，這些船、房子、吃喝穿戴等，皆是身外之物，唯有愛直抵內心。

　　每天的幸福時光，就是和孩子們在一起的日常，我予她們小的引導，她們卻回我巨大驚喜。

　　我自知缺點頗多，其中最明顯的就是性格直，一旦急躁說話易傷人，相處久的朋友和同事都對我多有包容，我非常感恩。

　　而 Doris 的共情能力和情商，要遠高於我。她很能覺察別人的情緒，看漫畫、聽故事的時候也非常投入，經常會因為故事裡的人物遭遇而流淚、歡笑，甚至久久還在共情，想像主人翁的後續。

　　出去吃飯時，她會提醒我給妹妹點玉米糊，因為妹妹只能吃寶寶餐。和妹妹一起玩耍時，她看見妹妹的衣服掀起來了，會很自然地伸手整理。其他小朋友來家裡玩，一個咽口水的微表情，她就會去給人家倒水喝。

　　而當我情緒激動，不自覺瞪著眼睛大聲講話時，她會過來溫柔提醒：「媽媽，你要小點聲說話，你大聲說話，別人會覺得很吵，而且你小點聲溫柔地說，別人才可以理解你。」

　　一句話讓我醍醐灌頂，馬上收起張牙舞爪的姿態，對她連連肯定，並感謝提醒。

　　我從未向 Doris 灌輸過節約花錢的概念，那次去商場購物，她拿起物品認真地看價格，然後偷偷建議我：「媽媽，這個太貴了，我們用手機買，手機買的便宜。」

　　我不禁吃驚，忍不住詢問她怎麼會有這種想法。她則

是心疼地看著我：「媽媽工作太辛苦了！」

　　那一刻，我的心被滿滿的幸福填滿。一把摟她入懷，心中不住感謝老天，讓我擁有如此天使。

　　我們相信的，永遠是想相信的。我們給下一代的永遠是我們這一代沒有得到的。

　　女兒，你不是任何一場意外或者婚姻的必需品，你是媽媽全心全意被期待、被愛著的唯一，是你成就我做一位母親。

　　我女兒得到的，是我都為之羨慕的生活，不是物質的疊加，而是愛。

不僅搭暖窩，更建獨立心

　　某天，我偶然發現 Doris 獨自在陽臺上默默地哭泣。我過去抱住她，輕聲詢問她為什麼如此傷心。原來是大人們都在忙各自的事，沒人陪她玩，她感到孤獨了。Doris 五歲了，從出生以來，家裡的大人都圍著她轉，陪伴她、鼓勵她、詢問她的意見，她的身邊從未缺少過人。今天卻因為沒人陪伴而落淚，我心中的某一處不由得猛震一下——該幫 Doris 學習獨立了。

　　而且，Doris 想讓人陪伴的需求，沒有選擇明確地向大人表達，而是選擇了默默哭泣這種向內攻的方式。這讓我意識到，Doris 內心有一點脆弱。我以為教育的重要使命

之一，就是讓每個生命個體學會獨立，包括獲取快樂的方式。

我把 Doris 抱在懷裡，耐心傾聽她的感受和想法，充分表達我理解了她的情緒和需求，她漸漸止住了哭聲，等她情緒完全平復之後，我試著引導她。

我語氣輕鬆地說：「寶貝你看，公司裡有那麼多人，為什麼只有媽媽的辦公室最大呢？因為媽媽是老大啊！做老大就要學會一個人待著，就要一個人待在一間辦公室裡，就要學會孤獨，並享受孤獨。還記得我們看過的《動物世界》嗎？在叢林裡，獅子群如此龐大，但只有一頭獅子王，對不對？也因為牠是老大。每個隊伍裡老大只有一個，所以要想當老大，就要學會獨處啊。」

五歲的孩子，需要有一定的心理承受能力，去承受獨處的狀態了。我知道她慕強，於是接著說：「Doris 也是老大，妹妹還要以你為榜樣呢，那 Doris 是不是也得有老大的風範？」

除此，我還希望讓她懂得，**一個人的快樂要來自她的精神層面，由內部供給，永遠不能取決於外在。**

如果一個人的快樂之源來自外界，那麼她將永遠不可

能獲得真正的快樂。因為這樣的快樂是不真實的，是隨時可以溜走的，是你永遠也無法抓取的。只有由內心生出來的快樂，從精神上自己生發出來的快樂，才是真正的快樂，才會給你帶來遺世獨立的穩定。

比如，她和小兔子玩的時候，能夠從中找到樂趣，非常享受當下和小兔子玩耍的狀態，而不應是和小兔子玩耍時，身旁沒有人陪著，她就覺得特別孤獨。

每個年齡段有相應該學的課題，並非教她獨立，就不陪伴她了，而是希望有人陪伴的時候，她能和陪伴之人開心相處，獲得快樂；當別人各有事忙，無人陪伴的時候，獨處的她也不會悲傷。

我知道 Doris 聽懂了。

那天之後，Doris 再也沒因為想尋求他人陪伴而一個人默默哭泣了。有時，她看到妹妹獨自在房間哭，還會第一時間跑進去，抱起妹妹溫柔安撫。她的擔當和獨處能力，日漸增強，每次在日常細節中留意到，都讓我驚喜。

不由得想起偉大詩人紀伯倫這首有關《孩子》的詩：

你的孩子，並不是你的孩子

他們是由生命本身的渴望而誕生的孩子

他們借助你來到這世界，卻非因你而來

他們在你身旁，卻並不屬於你

你可以給予他們的是你的愛，而不是你的想法

因為他們有自己的思想

你可以庇護的是他們的身體，而不是他們的靈魂

因為他們的靈魂屬於明天，屬於你做夢也無法到達的明天

你可以拼盡全力，變得像他們一樣，卻不要讓他們變得和你一樣，

因為生命不會後退，也不在過去停留。

你是弓，兒女是從你那裡射出的箭。

弓箭手望著未來之路上的箭靶，他用盡力氣將弓拉開，使他的箭射得又快又遠。

懷著快樂的心情，在弓箭手的手裡彎曲吧，

因為他愛一路飛翔的箭，也愛無比穩定的弓。

世間所有的愛都是以相聚為目的，唯有父母愛孩子是以分離為目的！因為只有分離才可以帶來個體的獨立，獲得自由、平衡與完整。

真正的愛，不僅僅是搭建可依賴的暖窩，而是驅動獨立，並能夠帶來升級。

所以，養育後代的底層邏輯，應該是在有限的時光裡，培養出孩子獨立的人格、堅強的意志和健康的心理。然後，我們就轉身離去。

血脈至親，並肩前行

　　總想把全世界最好的東西給孩子，但什麼才是最好的呢？我思索良久，應是血脈至親。

　　我是家中獨女，中國特殊的時期造就了我們這一批獨生子女，我沒有品嘗過兄弟姐妹陪伴的感覺，但我想，有人並肩前行，應是溫暖有力的。

　　所以我想讓我的女兒擁有。當光陰荏苒匆匆而過，弟弟妹妹的降生將意味著，當我不在人世之時，我的孩子們將永不孤單。他們兄弟姐妹相伴成長，相互依靠，給彼此無間隙的信任與愛。

　　在 Doris 出生後不久，我就在深深的思考中明白，所

有的物質生活她都將會擁有，但是隨著年齡的遞增，她會感受到孤單的感覺，孤單不是獨來獨往，孤單也不是無法承受，我能理解的孤單大概是那種無依無靠的感覺，好像在一個黑色的屋子裡伸出手，摸不到任何東西，所以在這短短的人世之時，**我想給她一個珍貴的禮物，那就是至親。**

　　小女兒的到來，讓我此生又獲至寶，對時光的感知似乎也發生了變化。

　　Doris 出生時，我心中的責任感被前所未有地激發，努力想為女兒撐起一片天，事業和生活都像在衝刺狀態。而小女兒的出生，卻彷彿為我按下了時光的暫停鍵，我開始格外珍惜和孩子們在一起的時光，期盼時光走得慢一點，再慢一點，讓我有更多時間陪伴她們，真想把這輩子的喜歡和溫柔都給她們。

　　看著她們姐妹的笑臉，我知道她們以後會結伴同行，做彼此的明燈，即使終有一日天各一方，在特殊的日子裡來自至親的一通電話，一句問候，就是我在這世間留下的所有痕跡，她們將永遠不會感受到我這一生的孤單，她們姐妹將並肩前行。

　　所有世間的磨難如猛虎一般，她們擁有彼此，就不會

害怕，媽媽的愛和保護不會因為生命而停止，而會以能量的方式在她們姐妹間，或是他們兄弟姐妹間，繼續互相傳遞。

　　這個家要自強不息，這個家因我而聚，但是我更加感謝孩子們冥冥之中的選擇，選擇來到我的肚子裡，選擇我做你們的媽媽。

快樂是一種生活方式

現在就是我期待的未來

清晨醒來，媽媽發來 Doris 正在為我做蛋糕的影片，Hatti 在大廳的地毯上爬來爬去，廚房有燒菜的聲音，桌子上有未拆開的禮物。傍晚在 KTV 裡，Doris 為我唱了一首《孤勇者》，因為 Doris 喜歡，我也在努力學習這首歌，孩子繞膝、家人滿座，好友暢聊。

落日沉溺於橘色的海，晚風淪陷於赤誠的愛。

煙火向星辰，所願皆所得。

我所期待的未來，就是此刻現在。

難忘的明亮夏天

十七歲那年的暑假，中午和父母去參加酒席，散席後父母留下打牌，我一時心血來潮很想去看看爺爺。

在七月的正午，我走了十分鐘的路，熱得滿頭大汗。到了爺爺那裡，爺孫二人坐在電視機底下，邊吃西瓜邊聊天，聊三國、岳飛、楊家將……

屋外驕陽似火，一方蟬鳴，前面等著我的，是兩個月的假期和數不清的冰鎮西瓜，也是我生命中永遠難忘的明亮夏天。

如果快樂不可多得，那次便是了。

品味愛的細節

很多朋友都稱呼我為「時間管理者」。

每天高效地處理工作，全身心地陪伴子女，這就是我的生活常態。日復一日，我收穫了工作成果，也收穫了家人的愛。我感恩生命的饋贈，感恩這一日三餐，感恩女兒

的吻和偶爾的雨天，那些微小且不可或缺的細節組成了我生命的每一天。

　　周日的清晨，伴著大女兒的鋼琴聲和小女兒的笑聲醒來，我懂得了幸福的樣子。和孩子們玩耍時，我常常忘卻時間，似乎我也跟著重回到童年。

　　我想把愛碾碎了，藏在四季裡，藏在三餐中，藏在每一次的擁抱和碎碎念之間。

　　靠近她們，便是晴天。

寧靜方得快樂

　　快樂並非來自物質的積累，而是一種心態和生活方式。

　　這個世界，有太多誘惑與追求，人們只有在享受所擁有之物，並能掌握好自己的生活和內心之時，方能真正感受到快樂和幸福；一味地追求物質或攀比，只會讓人越來越痛苦。

　　我雖不富甲天下，但擁有整個夏天的陽光。假如人們能回歸簡單質樸的生活，就不會有那麼多焦慮來打擾內心

的寧靜。

　　玫瑰不用長高，晚霞自會俯腰，愛意隨風奔跑，溫柔
漫過山腰。

減法人生

　　減法人生讓我感到舒悅！

　　我希望有一種方式可以減掉大腦中的雜念，從混沌雜
亂中找到有序，找到那個牽引你的念頭，它若隱若現，集
中精力方能看清片刻，這個過程是讓人舒悅的。

　　就像有一天，我偶然看見一棵草在風中晃動，那一刻，
我的心中一片空無，卻又毫無空虛，而是安寧純粹。待緩
過神來，我意識到剛才那一刻，好舒服。

　　為學日益，為道日損。去除心中的雜念，心無旁騖地
向內用功。**放下「不快樂」，方能真快樂。**

▶ 編者記

風吹哪頁讀哪頁

今年 5 月初，北京玉蘭花昂立盛放，深圳鳳凰木身披丹霞的時節，在葉海洋的辦公室，第一次見到本尊。

隔著辦公桌，近在咫尺看她，比影片中瘦很多，臉小，皮膚緊緻，坐在那張熟悉的棕色椅子裡，那一刻，眼前所見與影片中的畫面重疊了。

看得出來，她不喜寒暄，「你好」之後直奔主題，「那就開始吧」。

比想像中嚴肅一點，周身氣場很強大，像一位披甲執銳的將軍，罩著一絲寒意。但是眼神很真誠，別人說話時，她會直直看著對方的眼睛，深情專注，迅速給予回饋。

當論及最想在本書中表達什麼主題時，她考慮片刻，就給出篤定答案：「生命只有一次，請一定要盡興。人生短短幾十年，誰活得開心誰就贏了。」於是，書名《盡興》

應運而生。

　　言談間，如冰雪消融，冷峻氣場早已不見，露出她的簡單真性情。

　　談及女兒的教育，她說，教育不是孤立存在的，是包裹在愛中的，要給孩子足夠的愛，在愛中無痕引導。

　　說到生活態度，她說，要想不被定義，就要忘掉自己的性別，我們努力工作生活，不是作為一個男人或女人，而是身為一個人。

　　回顧走過的彎路，她搖頭，人生沒有白走的路，每一步都算數。但是她承認摔過跤，在 25 歲少年得志意氣風發之時，事業遭受重創，卻也讓她邁入人生新階段。

　　聊到社交，她笑，稱自己毫無社交，家就在公司樓上，上下電梯就是她的通勤路，下班就回家，可以說是足不出戶。

　　談到父親，她兩度哽咽，父親對她此生影響至深，卻不幸去世快兩年，至今她心裡的那塊還不太能觸碰。

　　我在影片中見過她的笑，她的睿智，她的思想，她的意氣風發，從未見到她的眼淚，不禁呆住，忘了應答，等

覺察時，未及開口眼眶先酸。

　　那刻間我腦中蹦出一句話，「有些人是帶著使命來的」，在後來與她日漸熟絡後，我更加堅信這句話，她是帶著使命來的。

　　凡塵生活中，大部分人猶如被扣在一層看不見摸不著的罩子裡，能量大的人能夠站起身，伸出手，把罩子頂起來，裡面的空間就會很大；力量小的人蜷縮其中，被箍得越來越無容身之所，甚至喘息都難；而她，竟能自由穿過這結界，隨意伸展，跳躍自如──她天生就不是畫地為牢的人。

　　於是她活出了自由的模樣，不僅知道不想要什麼，還知道自己想要什麼，想要就去拿，於是拿到了。

　　大道至簡，靈性至純，真正的自由是自成圓滿的。

　　而這很重要，我們因此看到了這種自由的美好，內心的冰川悄然消融，能量已經開始湧動！

　　人生只有一次，何不盡興一場？

　　自由很難譜寫，盡興也是自由的一種，因此亦然。

經過再三討論，我們將其具象成一個一個拼圖的形式，寓意「生命的拼圖，每一片都不可或缺」，五片拼圖代表五個關鍵字：自我、自渡、自足、善、愛，拼出葉海洋走過的人生路，也拼成這本書的內容。以後的精彩，還會凝作新的拼圖，適時補充。

這本書，文字不多，但共鳴不少；篇幅不肥，卻啟發不瘦；願你風吹哪頁讀哪頁。

楊琴

2023 年 11 月

盡興

新女力天花板 · 葉海洋首部作品 · 寫給妳的人生能量書

作　　　者	葉海洋	本書中文繁體版由四川一覽文化傳播廣告有限公司代理，
封 面 設 計	獨創風格設計工作室	經北京欣夢享文化傳媒有限公司授權出版
內 頁 排 版	高巧怡	
行 銷 企 劃	蕭浩仰、江紫涓	
行 銷 統 籌	駱漢琦	國家圖書館出版品預行編目 (CIP) 資料
業 務 發 行	邱紹溢	
營 運 顧 問	郭其彬	盡興：新女力的天花板. 葉海洋首部作品. 寫給妳
責 任 編 輯	吳巧亮	的人生能量書 / 葉海洋著. -- 初版. -- 臺北市：漫
總 編 輯	李亞南	遊者文化事業股份有限公司出版；新北市：大雁
出 版	漫遊者文化事業股份有限公司	出版基地發行, 2024.12
地 址	台北市103大同區重慶北路二段88號2樓之6	224 面；14.8×21 公分
電 話	(02) 2715-2022	ISBN 978-626-409-036-0（精裝）
傳 真	(02) 2715-2021	1.CST: 人生哲學 2.CST: 自我實現
服 務 信 箱	service@azothbooks.com	191.9　　　　　　　　　　113017109
網 路 書 店	www.azothbooks.com	
臉 書	www.facebook.com/azothbooks.read	

發 行	大雁出版基地
地 址	新北市231新店區北新路三段207-3號5樓
電 話	(02) 8913-1005
訂 單 傳 真	(02) 8913-1056
初 版 一 刷	2024年12月
定 價	台幣450元

ISBN　978-626-409-036-0（精裝）

漫遊，一種新的路上觀察學
www.azothbooks.com
 漫遊者文化

大人的素養課，通往自由學習之路
www.ontheroad.today
 遍路文化 · 線上課程